EL CAMELLO
AMARILLO

EFICIENCIA ESTRATÉGICA

con liderazgo consciente

Francisco G. Zamora Cruz

CONTENIDO

DEDICATORIA

A todas las personas que día con día se levanta para
iniciar su jornada laboral y llevar el pan de cada día
a sus hogares, muchas gracias por haber sido mi
inspiración para escribir el presente libro.

Dios con ustedes y en ustedes

AGRADECIMIENTOS

A mis Padres (In memoriam).
A mis queridas hermanas y hermanos que
siempre Han estado en mi corazón.
A mi esposa Gloria, que me ha acompañado por este
hermoso camino que se llama vida por más de tres décadas
y siempre fuimos conscientes de que no iba hacer fácil.
A mis hijos, Gloria y Paco por ser parte de lo
mejor que me ha pasado en la vida.
A mis nietos, Aby, Alison, Alan y la pequeña que vienen
en camino quienes son la luz que ilumina el futuro.
A Cristian y Lidia parejas respectivas de mis hijos muchas gracias.

PRÓLOGO

Cuando se ingresa al mundo empresarial, ya sea con experiencia o carencia de esta, nos imaginamos a las organizaciones como monstruos con procesos tan bien diseñados para ejecutarse, algunos, los pueden ver en contra o en beneficio de los colaboradores, pero jamás nos detenemos a pensar si realmente están diseñados para seguir un sistema en el cual el trabajador sea el más afectado o el más beneficiado. Siempre como empleados tenemos la idea de que quizá no nos están escuchando o no nos dan la importancia que merecemos, incluso creemos que al primer fallo pueden remplazarnos fácilmente. Esto es una de las muchas ideas que escucho de algunos de los trabajadores que creen que las organizaciones están en contra. Lo que quizá estos colaboradores no sepan es que el talento humano, hasta el momento, es la fuerza más importante que se tiene dentro de las organizaciones, y no solo eso, sino que también la cultura que se viva dentro de la misma le llevará a una ventaja competitiva es por ello, que algunas instituciones o camellos se preocupan en diseñar planes estratégicos, los cuales les permitirán atraer retener y potencializar a su personal.

A lo largo del tiempo siempre había escuchado a Francisco hablar sobre el crecimiento de una organización y más sobre el reto que es trabajar con el personal para llevar a cabo los objetivos planteados de la empresa, quizá cuando era más joven no lograba comprender el detallado de las estrategias; Que debía ser extremadamente cuidadoso y alineado con planes anuales para alcanzar metas. Sea cual fuese la organización, si bien Francisco ya había tenido un recorrido amplio en empresas refresqueras y tiendas de conveniencia, el cuidado del personal y su desarrollo era lo que más le prestaba atención, finalmente al pasar el tiempo me fui dando cuenta que la fuerza laboral de las corporaciones lo es todo, pero ¿cómo alinear valores, creencias y una multiculturalidad tan amplia en cada una de las organizaciones en las que iba pasando? Esto es lo que nos explica el Camello Amarillo, un paso a paso de la visión, adaptación de valores, objetivos y estrategias que nos ayudan a identificar la permanencia de caminantes, jinetes y la preparación de estos, si bien, los colaboradores son el activo más importante de una empresa. Los trabajadores con un acompañamiento y entrenamiento constante son más productivos, y con ello, la corporación se ve beneficiada de resultados positivos y logran alcanzar los objetivos trazados. Esto es muy fácil de llevarlos a cabo en la teoría, ¿pero ¿cómo hacerlo en la práctica? Bien, Francisco nos lleva desde la teoría hasta la ejecución, desde lo personal hasta lo laboral, nos va introduciendo desde sus investigaciones el funcionamiento del gran Camello y como ha sobrevivido ante los embates generacionales y tecnológicos que al pasar los años siguen adaptándose a la mejora constante. Es una clase maestra de uno de los gerentes, directores y actualmente Doctor en Administración Estratégica Empresarial, ha podido plasmar, ¿Qué cómo lo sé? Bueno, Francisco lleva 30 años ilustrándome desde una de sus posiciones de igual importancia como las ya mencionadas, el de ser padre, con charlas y enseñanzas, para así aportar ese conocimiento a las organizaciones donde me encuentre presente, así que es un privilegio ver esta obra finalizada y puesta en sus manos para el correcto desempeño desde su Camello.

La importancia de esta obra es fundamental para los nuevos emprendedores, colaboradores y/o cualquier persona que tenga a su cargo personal, desde el entrenamiento de los jinetes hasta la ejecución de los caminantes alineados a los valores de la institución y como lograr que este mamífero siga en su andar, y si hay nuevos caminos, como enfocar al cuadrúpedo sin perderse en el mismo…

INTRODUCCIÓN

El presente libro tiene la finalidad de exponer la experiencia vivida durante mi estancia laboral en una de las empresas llamadas Camellos, lo cual explicaremos más adelante por qué se les llama así, con el propósito de que pueda servirles a las personas que laboran en este tipo de organizaciones o que estén por laboral en una de ellas y puedan tener una estancia que disfruten, aprendan y crezcan con responsabilidad.

El objetivo es facilitar el aprendizaje de gran impacto que permite el éxito de las empresas llamados camellos, termino con el cual nos referiremos a una empresa u organización, así mismo utilizaremos el término acompañante para referirnos a todo el personal de una empresa, el término caminantes para los colaboradores de la misma y el término jinete hará alusión a jefes, gerentes, coordinadores, directores o cualquiera que sea el nombre para referirse a las personas que tienen personal a su cargo.

En el capítulo uno, veremos la descripción de porque algunas empresas que son sustentables en el tiempo se les llama Camellos, veremos también él porque del color amarillo y el proceso de arribo, el modelo de competencias que sigue y el tiempo que puedes acompañar al Camello.

Durante el capítulo dos, el cual llame el camino, estaremos mostrándote en que se basa la filosofía y la estrategia que sigue el Camello para continuar caminando, así como la cuña que aprieta la estrategia organizacional para que se logren los resultados esperados.

En el capítulo tres, se hará énfasis en la importancia del liderazgo de los jinetes y la influencia que tienen que ejercer para que el Camello lo siga, se revisarán algunos mecanismos de influencia, así como algunos estilos de liderazgo que utilizan la inteligencia emocional.

A través del capítulo cuatro, dejaré claro que la cuña es un calce que tiene el Camello para afianzar su filosofía de grupo, su estrategia corporativa que le permite obtener los resultados planteados, te mostraré donde tiene que apretar la cuña y algunas técnicas de coaching para lograrlo.

En el capítulo cinco, abordaremos que para darle seguimiento a las estrategias y planes de acción es importante que estos sean medidos en forma objetiva que permita en todo momento fomentar ambientes laborales que favorezcan la buena convivencia entre los acompañantes del Camello así también veremos algunas teorías sobre la motivación empleadas en su camino.

Estaremos abordando la importancia que tiene el entrenamiento de los acompañantes del Camello y su impacto en las operaciones, así como en la atención y servicio de calidad de los clientes en el capítulo seis.

El Camello entiende cuando sus acompañantes quieren mudarse de su camino por así convenir a sus intereses personales, también tiene claro cuando quiere que algún caminante o jinete ya no pude acompañarlo más, esto lo revisaremos durante el capítulo siete.

Se abordará el modelo que le permite crear momentos de éxito al Camello en el capítulo ocho, se identifican los responsables de generarlos y el impacto que estos tienen en toda su organización.

En el penúltimo capítulo de este libro le daremos entrada a un tema de relevancia actual, la utilización de herramientas y tecnologías digitales para mejorar y replicar la rentabilidad y el servicio de calidad que ofrece el Camello a sus clientes, veremos algunas propuestas de mecanismos y estrategias para lograr juntas la rentabilidad y sostenibilidad del negocio (Capítulo nueve).

Por último, en el capítulo diez, veremos el reto al que se tiene que enfrentar el Camello amarillo en los próximos años, y que tendrá que salir adelante, ya que significa la formación de equipos multigeneracionales.

CAPÍTULO I

EL CAMELLO AMARILLO

Hoy en día en el mundo empresarial surgen muchas empresas emergentes, pero así como nacen también desaparecen algunas se les llama; Unicornios azules o Startups, emergentes por tener un alto potencial innovador y tecnológico donde su modelo es escalable y su crecimiento puede ser exponencial, tenemos las empresas Mariposa; Así se define como aquella startup que busca ser rentable pero también mejorar las condiciones sociales y ambientales de su entorno durante su camino, también hay empresas que tienen muchos años en el mercado y han subsistido a pesar de crisis económicas, modas administrativas y confrontaciones generacionales; A las que se les llama camellos por ser estos animales los que son capaces de adaptarse a las inclemencias del clima donde viven y ser capaces de sobrevivir sin comida ni agua por muchos meses.

¿Por qué Amarillo?

El amarillo es un color que simboliza la alegría, la energía y la creatividad, vestir de amarillo significa que eres optimista, con poder y realmente feliz, puedes transmitir tu buena vibra a los que te rodean.

Este Camello amarillo al que me refiero es una organización con más de 80 años de operación en el mercado mexicano, ha logrado subsistir a pesar de crisis económicas y diferentes regímenes políticos con bastante éxito, posicionándose en la preferencia de los consumidores debido al valor que les genera con su modelo de negocio y creando una ventaja competitiva en los mercados donde opera.

¿Por qué me vestí de amarillo?

Imagina que de un momento a otra te encuentres vendiendo ropa interior para mujeres (Calzones, pantaletas y brasieres para damas) en mi experiencia como vendedor de bebidas embotelladas nunca se me había ocurrido vender esas prendas mi único contacto que había tenido hasta ese entonces con dichas prendas era haber acompañado a mi esposa a que las comprara.

Lo que me permito vestirme de amarillo fue que este camello contaba con un propósito, el cual en un principio no lo entendía, al paso de los días me fui identificando con él y más aún cuando observe que la gente que ya tenía tiempo acompañando en su caminar al camello lo modelaba todos los días, aclaro la gran mayoría y esto me gusta porque era algo que muy parecido con lo que me identifica en mi vida personal y profesional, ya que siempre estaba buscando posibilidades para ofrecerle a la gente un mundo mejor.

Te puedo comentar que cuando una persona se identifica con el propósito de una organización y lo hace parte de su estilo de vida, su trabajo no se le hace pesado, al contrario, lo disfrutará y de no ser así, es aconsejable que no pierdas ni hagas perder el tiempo a ningún camello, es preferible seguir buscando el propósito que te haga feliz o crea tu propio propósito que te lleve a encontrar tu camello estoy seguro de que lo vas a encontrar.

Hubo momentos que no sabía si estaba jalando, empujando o arriando al camello para que caminara, termine por convencerme de que hice las tres cosas en algún momento dado. Puede sonar increíble, pero **¿cómo se logra esto?**

Primero: Modelando y viviendo el propósito y sobre todo disfrutándolo

Segundo: En tu ser siempre debes de contar con metas a corto, mediano y largo plazo, si estas coinciden en algún punto con las del camello que mejor, el tiempo se te va a pasar volando.

Tercero: Aprendiendo en forma continua (Procesos, sistemas, técnicas, nuevas tecnologías).

Cuarto: Potencializando tus habilidades y competencias siempre busca quien te ayude o facilite, este proceso te va a gustar y nunca lo vas a querer dejar de hacer.

Quinto: Comparte lo que sabes con tus compañeros, amigos y familiares, es muy aburrido cuando esto no se hace, puedes correr el riesgo de quedarte solo.

> ***´´Prepara al niño para el camino, no el camino para el niño´´***
>
> (Viejo dicho)

En el caminar por el presente libro, te estaré mostrando un mundo de posibilidades que pueden cambiar tu vida laboral, profesional y familiar. Así como te mostraré como el camello amarillo logra su eficiencia operativa y se encamina a una estrategia humanitaria donde existe la inclusión y la buena convivencia organizacional.

El arribo

Después de haber ocupado puestos a nivel directivo en empresas internacionales y nacionales, me enfrento con la oportunidad de pertenecer al Camello amarillo, durante el proceso de evaluación y selección me pareció muy raro que me hicieran un examen que prácticamente duraría todo el día, el pensamiento que se me vino a la mente fue ni que me fueran a contratar en la NASA.

Para poder vestirme de amarillo tengo que seguir el proceso que el área de recursos humanos del camello tiene establecido para tal caso:

El Reclutamiento:
Es la técnica que el camello utiliza para proveerse de recurso

humano, con alta probabilidad de que pueda desempeñar con éxito sus funciones.

Este se puede dar por dos razones:

a). Por necesidad del Camello de cubrir determinados puestos, con personas entrenadas en alguna actividad específica y con competencias demostrables en su forma de comunicación y sus comportamientos. Este fue mi caso, por lo que el camello caminaba muy deprisa en sus objetivos de expansión.

b). Cuando existe rotación de personal, provocadas por causas internas o externas al camello. La que más me toco observar fueron las causas internas en un alto porcentaje (trato del jefe, robo interno y condiciones de trabajo).

Las fuentes de reclutamiento más utilizadas por el camello en ese entonces eran las siguientes:

Internas: Familiares o recomendados, Promociones de personal
Externas: Escuelas, Póster y volantes, Bolsas de trabajo y Prensa y radio, esta última fue la que atrajo mi atención, ya que me identifique con lo que ahí decía que se requería para el puesto.

Me presento con mi currículo y para pronto ya me estaba entrevistando una señorita, por cierto, muy amable, que me hizo sentir bien, lo que me permitió expresar mi interés por seguir al camello.

La selección:
Este proceso suena interesante porque aquí se determina el perfil ideal o deseado.

El proceso de lo que se trata es de conocerte: Datos personales, Aspectos familiares, datos escolares, Experiencia laboral y aspectos generales.

Siempre se debe conducirse con honestidad durante este

proceso, por lo que todos los datos son verificables, recomiendo no mentir para poder acompañar al camello.

La entrevista:

Este es un proceso donde se estructura una comunicación interpersonal, generalmente entre dos personas (entrevistado y entrevistador), debidamente planeada, con un objetivo determinado y con la finalidad de obtener información relevante para ambas partes.

El proceso recomiendo tomarse siempre el tiempo que se considere necesario, me toco observar entrevistas de quince minutos y de tres horas, el tiempo debe ser el que se necesite para que puedan conocerse e interactuar los jinetes/gerente/jefe/líder como le quieras llamar con los caminantes/empleados/trabajadores/colaborador igual como les quieras llamar para dejar claro las responsabilidades, obligaciones y beneficios.

Durante este proceso me llamo la atención que mi posible jefe me dedicara tanto tiempo, ya que fue una entrevista de 4 horas lo que nos permitió aclarar sus dudas y mis dudas, como olvidar ese día porque en verdad me dio mucha curiosidad por aprender más del camello.

Para llegar a este punto en mi caso tarde más de tres meses, para que me llamaran a realizar la entrevista y durante ese tiempo me sucedieron varias cosas en forma personal las cuales te comento:

Primero al día siguiente de haber hecho los cuestionarios psicométricos y de competencias que definían mi perfil para el Camello, como cada sábado por la tarde me presenté a jugar mi deporte favorito el Futbol y para mi fortuna sufrí una fractura de la tibia y el peroné y ándale a pasar tres meses en recuperación entre cama y terapias.

Segundo durante este tiempo me llamarón de varias empresas refresqueras para ofrecerme puestos directivos en varias regiones del territorio nacional, dado que contaba con una experiencia de 20 años en ese ramo lo cual siempre agradecí y agradezco hasta el día de hoy, pero dadas mis condiciones y la urgencia de ocupar los puestos vacantes nunca se concretaron.

Tercero dicen que no hay plazo que no se cumpla y después de tres meses que suena mi celular y era la asistente de quien seria mi primer jefe acompañando al Camello para invitarme a una cita (entrevista), para ese tiempo ya podía caminar con muletas y fue mi esposa y mi hija quien me llevaron a dicha cita, a una ciudad cercana a donde nosotros vivíamos, el resto te lo iré contando durante el recorrido de este bonito viaje con el Camello.

La Contratación:

Es el proceso en el cual se formaliza la aceptación del candidato para integrarse al equipo del camello amarillo. Durante este proceso considero que se establecen las bases de confianza para que se den los cimientos de las buenas relaciones laborales.
Durante este proceso me queda claro lo siguiente:
° Cuáles serán mis responsabilidades.
° Cuáles son los objetivos y metas que cumplir a través de los resultados.
° Si se cumplía o no con mis expectativas económicas y de tiempo para compartir con la familia.

El entrenamiento y capacitación:

Durante esta etapa se observó que se favorece la adaptación a un nuevo ambiente de trabajo, a nuevos compañeros, nuevas obligaciones y derechos, y a conocer las políticas del camello/empresa.

La capacitación para este camello es una inversión que proporciona beneficios para el empleado y la empresa, considera que es necesario hacer sentir importante al nuevo integrante, venderle el puesto, las prestaciones que se ofrecen, la importancia de cumplir su itinerario de capacitación que llevara a cabo para desempeñar bien sus funciones.

Las tácticas de introducción del Camello al lugar de trabajo son: platicas de introducción, videos acerca del camello, visita a las instalaciones, presentar a los nuevos caminantes o jinetes a sus nuevos compañeros.

Te cuento una anécdota, cuando me toca que me muestren las instalaciones nunca pregunte dos cosas importantes:

Primera pregunta; **¿Cuál es la entrada del personal?**, lo que si me comentaron claramente fue el horario de entrada nueve y media de la mañana, bueno, pues resulta que al día siguiente de mi contratación llego media hora antes de lo indicado nueve de la mañana me paro en la entrada principal, espere por una hora y ándale mi sorpresa fue que ya era la apertura al público y bueno ya sabes mi primera llamada de atención.

Segunda pregunta que no hice; **¿Dónde está el baño?**, bueno me llego la hora de querer ir y me tuve que salir de las instalaciones porque de primera vista nunca lo encontré y fui a buscar unos baños públicos cercanos, donde hacer mis necesidades fisiológicas y al regresar ya está el jinete/domador del Camello (gerente) en la entrada, esta fue mi segunda llamada de atención en el mismo día, ¿qué te pareció mí debut con el Camello?

Bueno no me quedaba más que aceptar las observaciones recibidas y darle para adelante ¡**Todo por no preguntar!**

La separación o baja:
Este proceso tarde que temprano se tiene que tocar y son muchas las causas internas y externas que lo provocan, el Camello siempre procura hacerlo de acuerdo con la legislación correspondiente.

Antes de llegar a este punto es importante que qué sigan una serie de pasos muy interesantes, de manera que se siga preservando la disciplina en el andar del Camello amarillo:

Primero: Dar o recibir una palmada en la espalda para ver cómo se ayuda.

Segundo: Se tiene que hacer una confrontación de la situación que no se está cumpliendo y ver cómo se puede resolver, si es necesario más entrenamiento, aquí es importante dejar claro que no se confronta a la persona que no está cumpliendo sino a la situación.

Tercero: La primera advertencia formal en este punto, después de un periodo de asesoramiento donde no se ven claros los resultados que requiere el Camello para seguir caminando, se hace necesario dejar por escrito los compromisos a los que se compromete el colaborador y su jefe inmediato para que logren los resultados esperados.

Cuarto: Segunda advertencia formal, se revisan los compromisos acordados en el paso anterior y como se ha observado que estos no se siguen cumpliendo, se deja evidencia nuevamente de los compromisos y acciones que se realizaran por parte del jefe y su colaborador que no está cumpliendo las tareas con la intención de que no se tenga que separar al colaborador del camello y lo pueda seguir acompañando en su andar.

Quinto paso: La separación o despido, en este paso el jinete/ jefe inmediato toma la decisión de separar a un acompañante del camello definitivamente, siempre me pregunté en este punto porque no se es más práctico y se toman la decisión más rápido una vez que se detecta que un acompañante que no sabía hacer su trabajo y se le enseñó, que no ponía y se le apoyó al final termino por no quererlo hacer.

La mayor cantidad de bajas que me tocó observar fueron por causas internas, entre las cuales se encuentran las siguientes: trato del jinete a sus caminantes, increíble cuando el Camello fomenta que el jinete sea la mayor prestación que tiene el caminante, robo interno y cobros de las mercancías faltantes en los inventarios, horarios de trabajo, días de descanso y no cumplir metas de trabajo.

Cuando me toco separar del Camello alguna persona, siempre se cuidó el trato que me permitiera hacerlo de la mejor manera logrando con esto; nunca tener una demanda laboral en forma personal y que los acompañantes separados del camello me dieran las gracias por haber tomado la decisión.

Idalberto Chiavenato dice que la administración de recursos humanos (ARH), busca a ayudar al administrador, sea este director, gerente, jefe o supervisor, a alcanzar sus tareas, metas y objetivos. A través de políticas y prácticas necesarias para administrar el trabajo de las personas.

El Camello de alguna u otra manera cumple en gran medida con lo expuesto por este gurú moderno de los recursos humanos, sin dejar de seguir incorporando a sus procesos de gestión herramientas modernas como el uso de tecnologías de la información y comunicación (TIC´s). Así como tomar decisiones más informadas que le permiten establecer políticas organizacionales acordes a las realidades actuales de un mundo donde lo único constante es el cambio.

Es importante darse cuenta de que la dinámica organizacional está cambiando de manera muy rápida, los descriptivos de puestos cambian de manera acelerada porque lo que buscan es que los candidatos cuenten con nuevas competencias que les ayuden a los camellos seguir caminando firmemente.

El Camello cuenta con un modelo de competencias, para ser practicadas y desarrolladas por sus acompañantes y son la guía de sus comportamientos que permiten tener el desempeño esperado para el cumplimiento de su propósito y objetivos estratégicos que persigue, estas se agrupan de la siguiente manera:

Las Enfocadas a la atención y servicio; las cuales representan prácticamente la esencia del camello.

Las enfocadas al liderazgo; que deben tener las personas (jinetes/gerentes/coordinadores) como quieras llamarle, en este libro utilizaremos a medida de lo posible mayormente jinete(s), para hacer referencia a cualquiera de los anteriores que tengan a su cargo gente (caminantes) para guiar su camino.

Las enfocadas a las funciones y responsabilidades; de cada puesto en específico.

El enfoque general de las competencias que el camello quiere que sus acompañantes desarrollen, practiquen y demuestren día a día tienen un alto sentido a la eficiencia y efectividad operativa. El modelo de competencias es dinámico, se adapta al ambiente externo, el cual cambia a medida que se transforma el desierto (mercado) por dónde camina.

McKinsey & Company en el 2021, identifico algunas competencias fundamentales que ayudarán a las personas a prosperarse en los próximos años por venir, algunas de las cuales son las siguientes:

Cognitivas: Pensamiento crítico, Planificación y formas de trabajar. Comunicación y flexibilidad mental.

Interpersonales: Sistemas de movilización (Modelaje de roles, negociación, ganar-ganar, visión inspiradora y conciencia organizacional), Desarrollo de relaciones (Empatía, inspirar confianza, humildad y sociabilidad), Efectividad del trabajo en equipo (Fomentar la inclusión, motivación a diferentes personalidades, resolución de conflictos, colaboración, coaching y empoderamiento).

Autoliderazgo: Autoconocimiento y autogestión (Comprender las emociones propias y sus consecuencias, autocontrol, conocer sus fortalezas, integridad, automotivación y bienestar, autoconfianza), Emprendimiento (Coraje para tomar riesgos, impulsar el cambio y la innovación, energía, pasión y optimismo, romper paradigmas), Logro de metas (Persistencia, desarrollo personal, afrontar la incertidumbre).

Digitales: Ciudadano digital (Aprendizaje y conocimiento digital, colaboración y ética digital), Desarrollo y uso de Software (Aprendizaje y conocimiento de programación, análisis estadístico de datos, manejo de computadoras y algoritmos) y Conocimiento de sistemas digitales (Manejo de datos, Inteligencia de sistemas, manejo de seguridad informática y habilidad tecnológica).

¿Dónde está el lado humano del Camello?

El Camello va en camino en este aspecto, proporcionando instalaciones seguras e higiénicas, proporcionando prestaciones a sus caminantes, superiores a las que están contempladas en las legislaciones federales vigentes y enfocadas en la estabilidad de la persona, el crecimiento y la familia, procurando en todo momento un clima laboral que permita que sus acompañantes en el camino tengan una mejor calidad de vida y que los jinetes sean la mejor prestación para sus caminantes.

Si eres un lector que quiere acompañar a un Camello ya te mostré la puerta de entrada y si ya lo estás acompañando en su camino ahora ya sabes que no te han regalado nada, tú te has ganado el lugar que ocupas cualquiera que sea tu posición y te recomiendo seguirte preparando ya sea en forma presencial, a distancia o mixta cualquiera que tú elijas, el Camello del color que este sea te asegura lo agradecerá.

¿Cuánto tiempo puedo acompañar al Camello?

Una vez que logras entrar a caminar junto con el Camello amarillo y sobre todo que estás de acuerdo tú y solo tú, debes de sentir un gran orgullo porque solo tú y nadie más que tú cumpliste con las competencias que el camello espera apliques día a día en su gran travesía por el camino de la competitividad empresarial moderna.

El tiempo que puedes seguir acompañando al Camello lo decides tú, el Camello solo te pide cumplir con tus obligaciones y responsabilidades y nunca olvidarte de tus derechos conócelos y exígelos cuando sea necesario. Ahora, si ya decidiste acompañar a un Camello, tendrás que acostumbrarte a perseguir los sueños de otros, te recomiendo hacerte la siguiente pregunta:

**¿Lo que vas a hacer te acerca al lugar que
tú quieres estar mañana?**

> *´´Un deseo no cambia nada, una decisión lo cambia todo´´*
>
> (Francisco Navarro)

Antes de que contestes la pregunta anterior, te sugiero que revises en forma consciente tu nivel de habilidades y tu nivel de desafío que tienes actualmente e identifiques en que estados de ánimo te encuentras:

Si tu nivel de habilidades es alto y tu nivel de desafío es bajo, te encuentra en un estado de **Apatía**. Considéralo a lo mejor, el andar con los Camellos no es lo tuyo o entrénate y ponte desafíos interesantes para que lo puedas acompañar.

Si tu nivel de habilidades va de bajo a alto y tu nivel de desafío va de bajo a medio, te encuentras en un estado de **Aburrimiento**: Empieza a considerar retos personales y laborales más altos.

Si tu nivel de habilidades es alto y tu nivel de desafío es bajo te vas a encontrar en estado **Relajado**: Aspira a nuevas responsabilidades.

Si tu nivel habilidades es alto y tu nivel de desafío va de bajo a mediano tu estado es de **Control**: Propone mejoras, innova y emprende.

Si tu nivel de desafío es alto y tus habilidades son bajas, tu estado es de **Preocupación**: Entrénate, capacítate, aprende y si no es lo tuyo, reconsídéralo.

Si tu nivel de desafío es alto y tu nivel de habilidad va de bajo a mediano, estás en un estado de **Angustia**: Pide ayuda seguro no estás solo.

Si tu desafío se mueve de un nivel medio a un nivel alto y tu nivel de habilidad también se mueve de un nivel medio a alto, tu estado es de **Alerta:** Mantente actualizado.

Ahora que, sí tus niveles de habilidades son altas y tus niveles de desafío son altos, estarás en un estado de **Flow** (Fluyendo): disfrútalo y mantente en mejora continua.

Lo anterior te lo muestro en la figura 1.1, en la cual puedes ver cómo se mueve tu estado de ánimo dependiendo de tu nivel de habilidad y de tu nivel de desafío en el que te puedes encontrar navegando actualmente:

Figura 1.1: Estados de animo

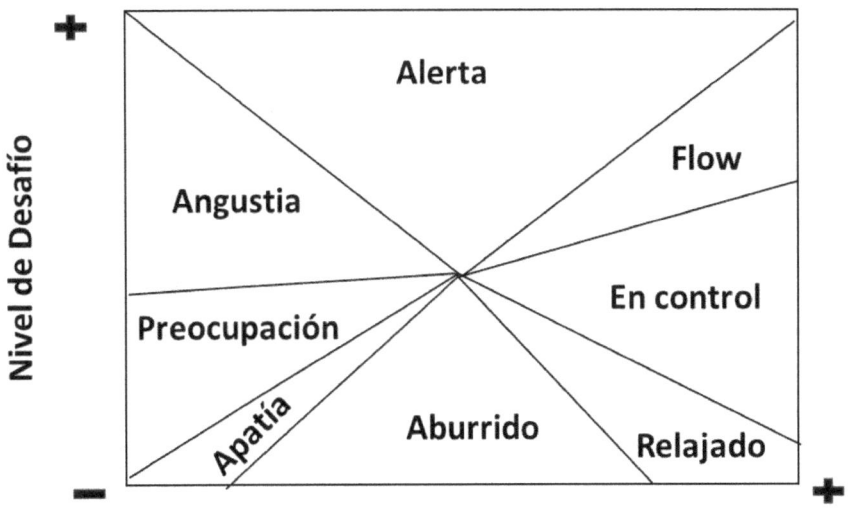

Nivel de Habilidad

Los estados anteriores son aplicables para todos los niveles de caminantes o jinetes que acompañan a un camello, independientemente del color que sea.

Permíteme comentarte más sobre el estado de Flow o de fluir ya que cuando uno alcanza este nivel donde tus habilidades son altas y tu desafío es alto el cansancio del cuerpo y la noción del tiempo desaparecen y nos olvidamos del mundo, nos encontramos en un estado creativo el estrés no nos preocupa al contrario lo aceptamos como parte de nuestra existencia humana, todos tenemos estrés es lo que nos permite estar en movimiento en como lo manejas es la clave para pasar de un estado de supervivencia a un estado de creación e innovación.

Me toca escuchar comentarios de algunos caminantes e inclusive jinetes que en cuanto empezaban a caminar junto al Camello ya estaban preguntando que cuando llegaban te suena lo siguiente: ¿Ya mero salimos a comer?, ¿Ya mero termino?, ¿A qué horas salimos?, ¿A que horas se salen los clientes?, etc.

CAPÍTULO II

EL CAMINO

´´*Sí no sabes a dónde vas, cualquier camino te llevara allí´´*

(Lewis Carroll)

El Camello amarillo tiene bien definido hacia donde quiere ir, a través de su filosofía corporativa y de la correcta aplicación de sus estrategias organizacionales enfocadas al cumplimiento de sus objetivos para seguir siendo sustentables

¿Qué es la estrategia?

Antes de aclarar este tema de estrategia permíteme comentarte una realidad que sucedió con los japoneses hace algunas décadas. *Japón fue pionero en las prácticas como la gestión de calidad total y el mejoramiento continuo. Como resultado de ello los fabricantes japoneses disfrutaron de considerables ventajas de costos y calidad durante muchos años (Pregúntale a tus Papás o Abuelos, seguro te confirman lo anterior) hoy en día sobreviven de ese bum empresas como Sony, Toyota, Canon y Sega por mencionar algunas.*

Las empresas japonesas se hicieron expertos en buscar la eficacia operacional en todo lo que hacían, lo que los llevo a crecer en una economía local en expansión y penetraron los mercados internacionales precedidos de gran fama, parecía imposible detenerlos. Sin embargo, a medida que disminuía la brecha en eficacia operacional con las empresas internacionales, los japoneses cada vez se enredaban más con la trampa que ellos mismos habían creado caso de la calidad total.

Para escapar de las arduas batallas por los mercados locales e internacionales con las empresas que también ofrecían ya para finales de los 80 lo mismo que las empresas japonesas: calidad, precio y mejora continua, los japoneses tuvieron que aprender a cerca de la estrategia.

Como investigador empresarial, me ha tocado estudiar una gran infinidad de definiciones sobre estrategia y claro todas son válidas de acuerdo con su contexto en que las explican, el día de hoy te voy a mencionar a la conclusión a la que llego sobre la definición de estrategia:

´´*La estrategia es la creación de una posición única y valiosa que involucra un conjunto de actividades previamente seleccionadas y diferentes a la de sus rivales que le permiten a una empresa tener una ventaja competitiva en la industria donde se desempeña*´´

Con base en la definición anterior te puedo comentar que el camello amarillo tiene seleccionadas y definidas las actividades que lo sostienen en su camino por el desierto tumultuoso de la competitividad empresarial, como lo veremos en seguida.

Cuenta con un **propósito**: El cual es razón de ser del Camello es la guía que inspira y motiva a sus acompañantes a seguirlo.

Tiene su **visión**: La cual representa el rumbo hacia donde deben enfilar los esfuerzos sus acompañantes.

Mantiene definidos sus **Valores**: Que son la base de la cultura organizacional del camello y los que rigen los comportamientos diarios de sus acompañantes, es necesario que se vivan todos los días, con la finalidad de que se promueva la filosofía corporativa del camello.

Cuenta con una **estrategia** definida para un periodo de tiempo determinado, en ella se encuentran los **objetivos** estratégicos alineados con su propósito y los cuales marcan el rumbo de las operaciones y las decisiones que se estén tomando para que el Camello siga caminando.

Tengo que dejar claro que la filosofía corporativa del Camello amarillo no es la misma desde su creación esta ha venido adaptándose a las necesidades y deseos de los mercados (caminos) que los clientes demandan de acuerdo a los tiempos. Que les toca vivir.

A continuación, te muestro en la figura 2.1, un mapa estratégico, el cual nos sugiere M. Porter podemos utilizar como una técnica para analizar diferentes sectores donde compiten empresas de la misma industria.

Para que te des una idea de cuál es el camino (mercado) por donde transita el Camello en el cual tomo en cuenta dos dimensiones claves una es la especialización de mercancías y servicios, la cual se encuentra sobre el eje de las X con un rango de bajo a alto y la segunda dimensión considerada es la variedad de las mercancías y servicios en el eje de las Y mismo rango anterior (de bajo a alto), con la finalidad que nos queda claro hacia donde puede ir el Camello y donde se encuentra compitiendo actualmente.

Figura 2.1: Mapa estratégico del Camello

Mapa del grupo estratégico

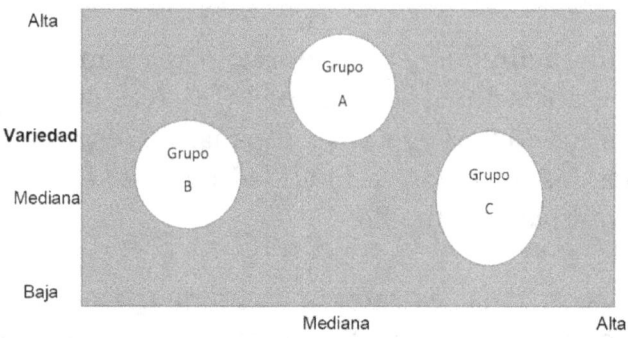

El grupo A: Representa las empresas que compiten con una mediana especialidad y una alta variedad de mercancías y servicios.

El grupo B: Es donde se encuentran compitiendo las empresas con una baja especialización y una mediana variedad de mercancías y servicios que ofrecen.

El grupo C: Es el que representa a las empresas que compiten con una alta especialización y una baja variedad de mercancías y productos que ofrecen.

El Camello amarillo compite en el grupo A, un camino (mercado) de mediana especialización y alta variedad de mercancías y servicios, de ahí parte para enfocar sus estrategias de crecimiento, por ejemplo: Si quiere aumentar su especialidad en productos y servicios, tendría que competir en el grupo B.

M. Porter (2015), nos menciona que hay cinco estrategias competitivas genéricas y estas son las siguientes:

a). Estrategias de costos bajos
b). Estrategias de diferencias amplia.
c). Estrategias dirigidas (o de nichos de mercado)
d). Estrategia de bajos costos dirigidos

e). Estrategia de mejores costos

Cada una persigue una posición de mercado distinta, no vamos entrar a ver cada una solo te comento que el Camello amarillo se distingue por manejar de manera excepcional las estrategias que buscan un amplia selección de compradores como son las estrategias de diferenciación ampliada la cual podemos ver en la atención y servicio que ofrece a sus clientes, la ubicación de sus locales comerciales en los caminos que recorre y ya lo mencione la gran variedad de mercancías y servicio que oferta, y la otra estrategia que aplica es la de bajos costos generales esta la podemos identificar en las promociones que ofrece al público y en el bajo interés que cobra en las mercancías y servicios que ofrece a crédito a los clientes. Seguramente ya te debes estar preguntando:

¿Si una empresa o Camello implementa las estrategias anteriores va a ser exitoso?

Desde mi punto de vista no, todavía hace falta que se tome en cuenta el modelo de negocio del Camello o empresa, entendiendo este como el esquema que sigue una empresa para entregar un producto o servicio que tenga valor para los clientes de una forma que genere ingresos para cubrir los costos y dejar una utilidad atractiva es justo lo que le ha permitido al Camello seguir en el desierto (mercado).

Para Thompson (2013), lo que hace que una estrategia sea ganadora debe superar tres pruebas:

1. La prueba de ajuste: Esto es que también se ajusta la estrategia a la situación de una empresa tanto en forma externa como interna.
2. La prueba de la ventaja competitiva: Mientras mayor y más duradera sea la ventaja competitiva más poderosa será.
3. La prueba del desempeño: La señal de una estrategia

ganadora se verá reflejada en dos clases de indicadores de desempeño y que son los que más revelan el alcance de una empresa: 1) La rentabilidad y la fortaleza financiera, y 2), Su fuerza competitiva y su posición en el mercado.

En base a mi experiencia lo que he observado en el desierto (mercado) por dónde camina el Camello es que sus competidores, conocen los mismos conceptos y técnicas fundamentales que él y son tan libres de aplicarlas como ellos crean conveniente. La diferencia entre el grado de éxito de uno y otro reside en la determinación y la autodisciplina con la cual elaboran y ejecutan las estrategias para el futuro. Lo pongo de esta manera:

Buena estrategia + Buena ejecución = Buen Jinete
Lo que diferencia al Camello amarillo de otros de su mismo camino (Industria).

Teniendo claro todo lo anteriormente expuesto junto con buenos planes mercadológicos, financieros y de riesgos, le ha permitido al Camello seguir caminando por los desiertos turbulentos de manera sostenible, económica y socialmente, lo cual le permite contribuir con responsabilidad social a mejorar el medioambiente, a pesar de crisis económicas, cambios políticos, modificaciones legislativas, inflaciones y modas administrativas.

¿Con la filosofía corporativa puede cumplir con el propósito principal?

Algunos Camellos piensan que con su filosofía de grupo ya pueden llegar a cumplir con su propósito principal, pero cuidado no todos lo logran, porque les falta algo muy importante, que el Camello amarillo tiene muy claro y ese algo se llama **calce,** esta palabra según la real academia de la lengua tiene varios significados en esta ocasión veremos el que nos sirve para este fin, *calce; es una cuña que afianza una pieza.*

Esta cuña, el Camello, la encuentra en la combinación de actividades previamente seleccionadas que le permiten seguir buscando la eficiencia operativa, y verse así mismo como un todo en cada paso que da, como se representa en la figura 2.2:

Figura 2.2: La Cuña del camello

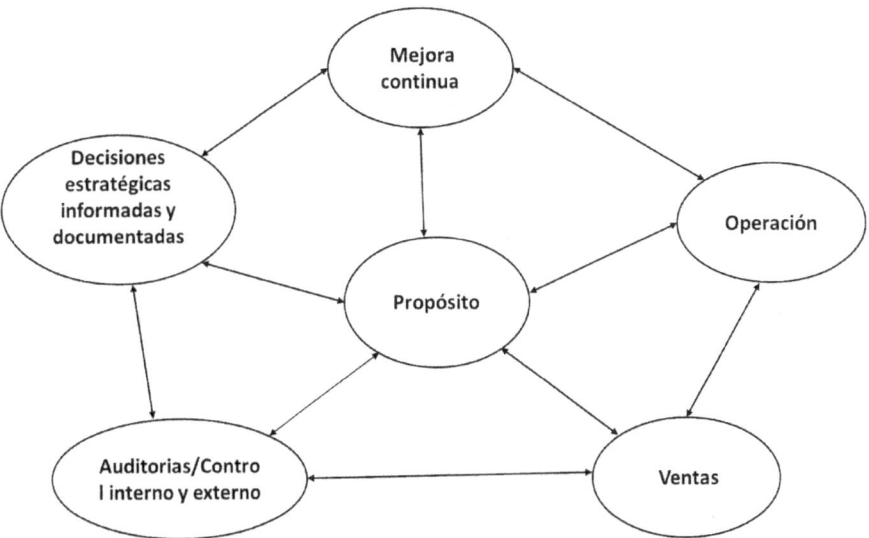

¿Cómo se involucran los acompañantes con la cuña?

Si ya estás acompañando al camello amarillo cualquiera que sea tu posición o responsabilidad o te interesa acompañar algún camello del color que este sea algún día, es importante que no te olvides de sus estrategias, ya que estas te guiaran en tu camino y te servirá para tomar las decisiones más asertivas cuando te sientas perdido en el desierto.

El camello necesita que cada paso que des con él, seas creativo

(FZC)

En la mayoría de los Camellos, planear y ejecutar una estrategia es un esfuerzo de equipo, en el cual todos los integrantes desempeñan una función específica para el área a su cargo. Es erróneo pensar que la elaboración y ejecución de una estrategia es algo solo de una persona.

Es importante que utilices tu capacidad de crear, esto es, darle vida a algo nuevo, produce o cambia algo, utiliza tu imaginación para que lo que piensas se haga realidad en el mundo físico, la fuerza más poderosa con la que cuentas para lograrlo es tu voluntad ya lo dijo Albert Einstein:

'' La voluntad es una fuerza más poderosa que él vapor, la electricidad y la energía atómica''

Te invito a no tenerle miedo al éxito (*'' Sin miedo al éxito''*) dice el dicho popular.

Haz propuestas de mejora no solo reacciones, la reacción no es creación, es rutina la cual está compuesta por todos esos procesos que en cierta forma nos alejan de nuestra esencia humana y que algún día serán realizados por robots, ahora los Camellos necesitan **contar con caminantes que piensen, que les duela cuando algo no está bien**, que propongan, que utilice su creatividad para innovar que su voluntad sea resiliente y antifragil; esto es que no solo se sobreponga a la adversidad, que también salgan fortalecido de ella con nuevas propuestas de solución que sean su bandera para cambiar las cosas.

Ahora que, si eres una persona que además de creativa, te gusta observar, preguntar, analizar la filosofía y las estrategias organizacionales, con herramientas como la matriz FODA de cuatro cuadrantes propuesta por primera vez por (Koontz, H. et al. 1982) y con el análisis PESTEL, tal como lo menciona (Ruiz, B. 2022), los cuales te presento en las figuras 2.3 y 2.4 respectivamente:

Figura 2.3: Matriz FODA

FORTALEZAS: Hace referencia a las iniciativas internas que funcionan bien	OPORTUNIDADES Son el resultado de las fortalezas y debilidades junto con cualquier iniciativa que coloquen a la empresa en una posición competitiva más solida
DEBILIDADES Se refiere a las iniciativas internas que no funcionan como es debido.	AMENAZAS Hace referencia a situaciones externas que tienen el potencial de causar problemas y están fuera del control de la empresa.

Figura 2.4: Análisis PESTEL

FACTOR	DETALLE	IMPACTO
Mercado Laboral		
Tecnología		
Legislación		
Competencia		
Economía		

Podrás conocer el entorno interno y externo del cualquier Camello, así mismo si utilizas las 5 fuerzas de Porter propuestas por el Profesor de Harvard Michael Porter, las cuales te muestro en la figura 2.5:

Figura 2.5: Las cinco fuerzas de Porter

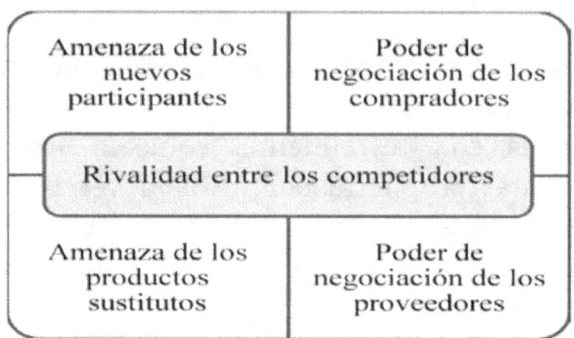

Conocerás las fuerzas que permiten entre otras cosas medir la competitividad del Camello, considerando a los nuevos competidores, las amenazas de productos sustitutos que parecen en el camino (mercado), la influencia de los proveedores, el poder de la negociación que tienen los clientes con el Camello y por último la rivalidad entre competidores que se encuentra en su caminar.

Los jinetes no necesitan reunir toda la información posible y pasar mucho tiempo en su análisis, considero que se pueden enfocar en algunos conceptos precisos y herramientas analíticas que les permitan responder preguntas como las siguientes:

1. ¿Ofrece el mercado oportunidades atractivas para el crecimiento?
2. ¿Qué clase de fuerzas competitivas enfrentan y que intensidad tiene cada una?
3. ¿Qué fuerzas impulsan el cambio y que efectos tendrán en la competitividad y la rentabilidad?
4. ¿Cuáles son las participaciones de mercado de los rivales del Camello?
5. ¿Qué actividades estratégicas están realizando los rivales?
6. ¿Cuáles son los factores clave para el éxito futuro?
7. ¿El camino (mercado) sigue ofreciendo perspectivas de ganancias atractivas?

''El éxito estriba en pensar más inteligentemente y no en pensar más''

(Anónimo)

¿Realmente me identifico con la cultura organizacional del Camello?

Es muy importante que te hagas la pregunta anterior para que veas si es posible conciliar tu cultura con la del Camello, ver si tu propósito, misión, visión, valores, objetivos y estrategias personales coinciden o pueden coincidir en un futuro cercano y de ser así te puedo asegurar un desempeño positivo en tus funciones, recuerda no te dejes llevar solo por tu necesidad económica que todos la tenemos, es importante que estés de acuerdo con lo que vas a hacer y de no ser así, no pierdas el tiempo seguro te puede ir mejor en otro lugar y no retrases al Camello en su andar. Pero si lo tuyo es andar con camellos del color que sean, no te olvides abrazar su filosofía o cultura organizacional, cualquiera que esta sea.

CAPÍTULO III

EL JINETE

No es lo que sabes lo que cuenta, si no lo que haces con lo que sabes
(Brian Sousa)

Ya te disté cuenta que el Camello amarillo sigue su propósito en su andar y que para ello está rodeado de una serie de objetivos que cumplir y estrategias de cómo lograrlos, lo que representa también para ti cuál será el camino que tienes que seguir cuando te encuentres acompañando a un Camello.

Al Camello lo acompañan personas (caminantes y jinetes) que, en muchos de los casos, no todas aprenden de la misma manera, ni entienden lo mismo lo que hace que su caminar en algunas ocasiones sea lento y en otro rápido, es por eso por lo que se necesita un jinete un conductor o como lo quieras llamar, los antiguos los llamaban dioses, jefes, gerentes, líderes, senséis, elegidos, coordinadores, capitanes qué sé yo en fin alguien a quien echarle la culpa cuando las cosas no salen como nosotros y el Camello lo esperamos en algunos casos , aclaro no siempre es así pero sucede.

Cuando estaba acompañando al camello en su andar, me informaron que si quería ser gerente me tenía que titularme como gerente ¡que!, fue mi primera reacción, como que te titulan de gerente mira qué buena onda, solo tenía que cumplir un itinerario de actividades por un año, viajar a un lugar donde te encontrabas con algunos de los jinetes sagrados del camello, te platicaban sus experiencias acompañando al camello y después de varios días escuchándolos, por arte de magia con un diploma en mano listo ya eras gerente para el Camello, claro esto no quería decir que para otros Camellos o empresas este diploma de graduado te sirviera ya que cada una maneja sus propios descriptivos de puestos gerenciales, bajo esta mecánica me toco ver a jinetes titulados de gerentes que una vez que llegaba a sus puestos de trabajo les asustaba la responsabilidad y preferían abandonar al Camello y salir corriendo, pero también me encontré con jinetes motivados y con grandes resultados en sus funciones y responsabilidades, los cuales sin duda eran el retorno de la inversión a la que apostaba siempre el Camello con esta mecánica de titulación gerencial.

Para hacer caminar a los Camellos, se necesita tener una **influencia** y control firme sobre ellos y guiarlos hacia la dirección deseada. Los Camellos viven en grupos y siguen un líder siempre. Por eso, es importante establecer una relación de confianza y respeto con el Camello amarillo para que reconozca tu liderazgo y te siga.

¿Y cómo logro que el Camello me siga?

El primer paso para convertirte en un jinete (líder) de clase mundial, es darte cuenta de que las reglas del juego están cambiando de manera permanente y tú también debes hacerlo.

'' Cambia tu pensamiento y cambiarás tu comportamiento. Cambia tu comportamiento y cambiarás su comportamiento. Cambia su comportamiento, y cambiarás su desempeño''

(Brian Sousa).

Entremos de lleno a la palabra ´´**Liderazgo**´´ si le preguntas al buscador de Google que te diga que significa la palabra liderazgo te aparecen más de 194,000,000 millones de páginas relacionadas con dicha palabra y creciendo el número, tremendo, no crees para hablar sobre este tema.

Por ese motivo, te puedo comentar que este concepto puede tener su significado dependiendo del tiempo, del espacio y la cultura en el que se quiera definir, para el Camello amarillo:

El líder debe tener la capacidad de incrementar y potenciar un conjunto de habilidades, destrezas y competencias propias de él y del personal que le rodea para que él quiera y haga que los demás quieran alcanzar sus metas personales y profesionales.

Respecto a lo anterior, te comparto que desde mi experiencia una de las cosas en las que más debe **influir** el Jinete/líder que esté acompañado a un Camello es en lograr la conexión humana entre el propósito organizacional y su equipo de trabajo, a través de comunicarlo de manera clara y eficiente a toda la organización, que todos los acompañantes del Camello lo entiendan y sobre todo lo modelen todos los días. Lo anterior dicho te lo represento con la figura 3.1.

Figura 3.1: Conexión del propósito

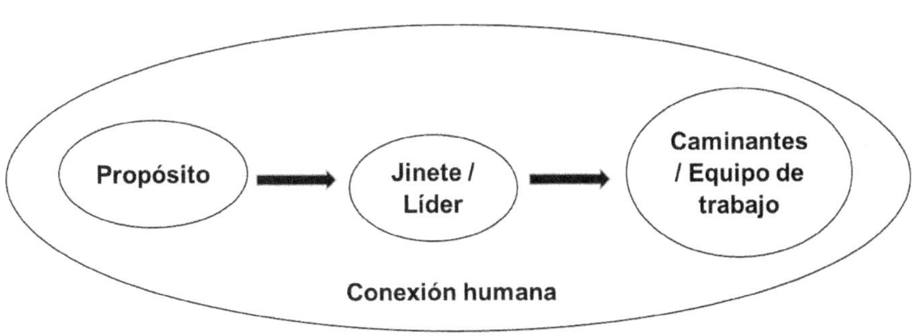

Nos deja claro la figura anterior, que una de las grandes

habilidades que deben tener los líderes para lograr la conexión humana es la de persuadir a las personas para pensar o actuar del modo que uno desea. Después de todo, alguien que no puede **influir** en las personas sobre las cosas, no es un líder.

Hay muchos mecanismos y procesos de influencia de los líderes, te voy a mencionar solo algunos propuestos por M. Gonzales y G. Guenaga en su libro ´´Mecanismos de influencia en las organizaciones y tácticas de liderazgo" estos son los siguientes:

1. Poder Coercitivo, basado en el castigo.
2. Poder Utilitario, al contrario del anterior, se basa en la recompensa, la cual puede adoptar distintas formas.
3. El Poder de Cargo, el cual se basa en el puesto que tiene una persona.
4. El Poder de Liderazgo, basado en las habilidades de la persona para influir.
5. El Poder Pericial, Basado en el saber de las competencias profesionales.
6. Poder de Autocontrol, el cual hace referencia a los comportamientos espontáneos e inconscientes de una persona.

El proceso de influencia te lo muestro en el cuadro 3.1, siguiente:

Cuandro 3.1. Proceso de influencia

Proceso de Influencia	Resultado
Coercitivo (Castigos)	Aceptación
Utilitario (Premios)	Aceptación
Cargo (Puesto)	Aceptación
Liderazgo (Persuasión)	Compromiso
Pericial (Saber profesional)	Aceptación
Autocontrol (Socialización)	Compromiso

Para continuar seguir hablando del liderazgo y de sus teorías, ya vimos que existen en las páginas webs millones de páginas que hablan sobre este tema y sus definiciones, en esta ocasión solo mencionaré algunos **estilos** que me parecen interesante que conozcas y que logre identificar en mi andar con el Camello amarillo y que están muy relacionados con los que nos propone Daniel Goleman en su libro ´´**Liderazgo: El poder de la inteligencia emocional"** (2013) que de alguna u otra manera influyeron en mi comportamiento y me marcaron de manera significativa.

Liderazgo Directivo: Es el que Demanda cumplimiento inmediato. Supervisa de cerca las acciones de sus colaboradores (¡Haz lo que te digo!).
Liderazgo Capacitador: Este Moviliza a otros hacia una visión. Marca objetivos, pero deja libertad sobre cómo conseguirlos (¡Ven conmigo!).

Liderazgo Afiliativo: Crea armonía y relaciones emocionales. Identifica oportunidades para dar retroalimentación positiva y evitar el confrontamiento (Las personas son lo primero).

Liderazgo Democrático: Es el que busca el consenso a través de la participación. Mantiene reuniones periódicas con su equipo durante los procesos de decisión (¿Qué opinas?).

Liderazgo de Referencia: Es el que lidera con el ejemplo. Se fija estándares de desempeño altos y espera la misma actitud por parte de los demás (Haz lo que yo hago. Sin necesidad de que te lo cuente).

Liderazgo Coaching: Desarrollo a las personas. Da prioridad a la retroalimentación y al apoyo. Se centra más en el desarrollo que en las tareas en sí (Ve posibilidades e inténtalo).

Algunos **enfoques** que le daban los jinetes (jefes, coordinadores, gerentes, etc.) más exitosos del Camello que me toco observar:

Establecían muy claramente la dirección: Más que seguir el camino marcado una y otra vez cuando los objetivos no se cumplían; innovaban, redefinían objetivos con estrategias proactivas y asignación de recursos orientados al propósito y visión corporativa.

Alineaban al Camello: A través de armonizar los aspectos técnicos y emocionales. Pugnaban para que la cultura organizacional fuera congruente con el entorno y con cada miembro de la organización, gestionaban en todo momento el talento de las personas, preparándolos para que fueran los líderes del futuro.

Creaban sinergia entre los diferentes jinetes: Priorizando el trabajo en equipo sobre voluntades individuales, Formaban grupos concentrados en la responsabilidad compartida. Interactuaban con todo el personal: Para crear confianza y transparencia que les permitía contribuir con valor y visión.

Creaban credibilidad: Mediante acciones consistentes que conectaban a todos los involucrados.

Gestionaban la efectividad personal: Fomentando la preparación continua, la autenticidad, la flexibilidad. La administración del tiempo y la energía de manera eficiente, manteniendo una perspectiva humilde y agradecida.

Cabe comentarte que los jinetes que en su momento montaban el camello utilizaban estos estilos y comportamientos de manera situacional porque hacían una buena combinación de varios estilos, adaptándolos a situaciones particulares.

Los enfoques anteriores juntos con los estilos de liderazgo observados. El proceso de influencia que ejercían y la conexión humana que lograban con sus caminantes los jinetes del Camellos era lo que desde mi perspectiva les permitía ser conscientes en su andar.

Fíjate lo que dice Fredy Kofman autor del libro ´´La empresa consciente" con respecto al **liderazgo consciente**:

´´Es un proceso por el cual una persona determina un objetivo que deberán lograr otras personas y las motiva a perseguir la concreción de este objetivo con eficacia y compromiso pleno"

Muy respetable su definición como hay muchas en el mundo empresarial y organizacional donde siempre vamos a necesitar a un Papá o a un ser supremo para echarle la culpa cuando las cosas no salen como el jinete, el Camello y los caminantes las desean

La definición la compone hacia la conciencia cuando menciona que se debe ejercer el liderazgo teniendo en cuanta las siete cualidades de la empresa consciente las cuales te presento a continuación:

Las primeras tres son atributos de la personalidad: Responsabilidad incondicional, integridad esencial y humildad ontológica.

Las tres siguientes son habilidades interpersonales: Comunicación auténtica, negociación constructiva y coordinación impecable

La séptima cualidad es la condición que hace posible a las seis anteriores: Maestría emocional

Kofman nos menciona que comprender en que consisten estas cualidades es algo sencillo, pero es difícil ponerlas en práctica, sin embargo, te acabo de demostrar que para el Camello amarillo esto no es difícil y es ya su estilo a la hora de caminar por las arenas turbulentas del desierto que camina todos los días de su existencia.

CAPÍTULO IV

> ''La buena gestión en una empresa consiste en lograr enseñar a personas ordinarias como hacer el trabajo de personas extraordinarias''
> (John D. Rockefeller)

LA CUÑA APRIETA

Como ya se había comentado las empresas necesitan tener un **calce cuyo significado es una cuña que afianza una pieza,** en este capítulo veremos algunas de las piezas clave e importantes para que la cuña se afiance como soporte de la cultura y estrategia de la organización del camello amarillo.

¿Y dónde aprieta la cuña al camello?

El Camello se dio cuenta muy a tiempo que necesitaba reforzar lo que la gente debía SABER, para que pudiera bien HACER, y supiera bien ESTAR en la organización que lo conforma, para esto identifico una tríada muy interesante que todo el personal deberían dominar para que la cuña empiece apretar la cual te muestro a través de la figura 4.1:

Figura 4.1: Triada para que la cuña apriete

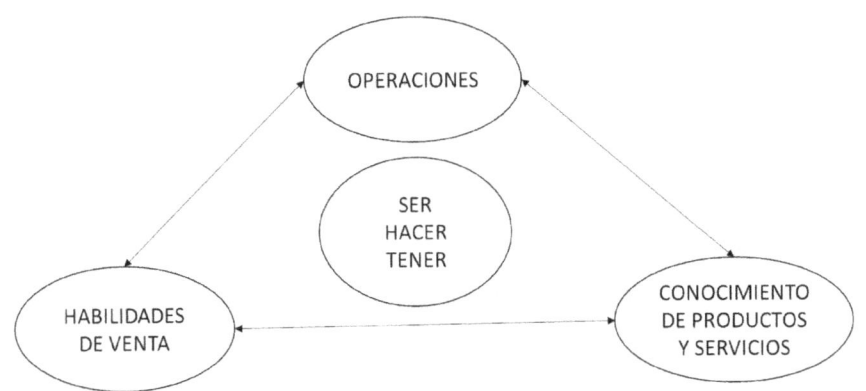

Primero tenían que conocer muy bien todo lo que se refiere a las operaciones que maneja el camello: procesos de todo tipo (mejora continua, decisiones estratégicas, ventas, de control interno y externo, de inventarios, de garantías, posventa, etc.).

Segundo tenían que conocer muy bien lo que lleva cargado el Camello para poder sobrevivir y esto es aprender de las clínicas de conocimiento de productos y servicios, de instructivos de operaciones, de otros caminantes más expertos, lo importante es que siempre se tenga claro cuáles son las características y beneficios de las mercancías y servicios que carga el camello para ofrecer a sus clientes.

Tercero tenían que conocer las técnicas de venta que utiliza el camello para caminar y los estándares de servicio con los que se identifica y lo que lo distinguen de los demás Camellos del desierto.

En el centro de la figura encontramos algo muy importante para que sucedan todas las cosas anteriores y esto es conocido como el principio del **Ser, Hacer, Tener.** Este principio le serviría a mucha gente tenerlo presente, puesto que las personas intuitivamente creemos que primero debemos **Tener** algo o alguien para poder **Hacer** algo que valga la pena en la vida y hasta entonces podemos **Ser** lo que soñamos y ser felices. Ya lo dijo Lao Tzu hace varios siglos atrás:

´ ´La mejor manera de hacer es ser´ ´

Otra de las piezas clave que se dio cuenta el camello que tenía que hacer para afianzar su **calce** (Cuña), era la de cambiar el paradigma del Jinete / jefe a Jinete / Líder-coach.

¡qué gran acierto!

Lo muestro a través de figura 4.2:

Figura 4.2. Diferencia entre Jinete / Jefe VS Jinete / (Líder-Coach)

Jinete / jefe	Jinete / (Líder-Coach)
- Habla Mucho - Soluciona o aconseja - Ordena - Busca controlar - Se enfoca en la tarea o la relación - Asigna culpa - Trabaja en el pasado - Hace lo que se debe hacer - Conserva su distancia	- Escucha mucho - Previene y pregunta - Sugiere y solicita opciones - Busca comprometer - Se enfoca a resultados y a la relación - Asigna responsabilidades - Trabaja en el presente - Se apasiona por su trabajo - Conecta efectivamente con su gente

Al igual que para el liderazgo, para el coaching, los buscadores de la web te proporcionan no miles sino millones de páginas relacionadas con esta práctica y sus definiciones, por lo que en esta ocasión te mencionaré solo la que nos proporciona la Federación internacional de coaching más grande del mundo (ICF) y es la siguiente:

´´**Es la asociación entre un coach y su cliente para que este maximice su potencial tanto personal como profesional a través de un proceso de acompañamiento reflexivo, creativo e inspirador**´´

Como Coach organizacional e integral y miembro activo de la Federación Internacional de Coaching (ICF), he observado que la práctica del Coaching ha venido teniendo un crecimiento en el mundo en forma exponencial en los últimos 10 años.

Se está utilizando como una herramienta conversacional en los procesos de desarrollo humano brindando la posibilidad de generar cambios trascendentales en diferentes ámbitos de la vida de las personas.

La esencia del Coaching permite una interacción humana distinta en los caminantes que acompañan al Camello facilitando el acercamiento a la cultura organizacional competitiva ante los retos presentes y futuros que los caminos (mercados) y clientes demandan.

En la actualidad no quiero dejar de mencionarte que cada empresa o asociación puede tener su propia definición sobre esta práctica, en forma particular sugiero que si algún día quieres aplicar esta herramienta te acerques a profesionales con experiencia y no a charlatanes de cursos de tres meses que sola logran que pierdas el tiempo y dinero ya que te confunden más de lo que te pueden ayudar.

El Camello logró que sus Jinetes / Líderes- coach, lograran aplicar y desarrollar habilidades blandas propias de la práctica del coaching, como te lo muestro en la figura 4.3:

Figura 4.3: Habilidades Blandas

Habilidad	¿Cómo la desarrollo?
Escucha Activa	- Evita interrumpir al otro - Evita juzgar ideas y sentimientos - Escucha atentamente
Comunicación Verbal	- Usa palabras claras y concretas - Practica frente al espejo. - Piensa y analiza el mensaje a compartir
Expresión Clara	- Modula tu tono de voz - Evita tecnicismos o palabras rimbombantes

	- Verifica que el mensaje fue recibido
Confidencialidad	-Evita divulgar información sensible -Respeta la intimidad de tu camínate -Se ético y congruente
Empatía	- Evita juzgar la conducta del otro - Escucha los puntos de vista diferentes al propio
Rapport	- Brinda un trato cortés, sonriendo - comunícate de manera natural
Preguntar reflexivamente y con claridad	- Realiza preguntas abiertas - Evita dar respuestas
Retroalimenta efectivamente	- Enfatiza en lo que se puede cambiar o mejorar - Establece metas y expectativas - Siempre se respetoso
Comunicación no verbal	- Observa las posturas y gestos - Mantén el contacto visual - Detecta incongruencias entre el tono de voz y los movimientos corporales
Seguimiento	- Da continuidad a las acciones y compromisos establecidos - Mantén tus compromisos por escrito y actualizados
Reconocimiento de logros	-Identifica y reconoce los logros alcanzados -Haz público el reconocimiento

Las habilidades blandas anteriores no son todos las que existen, algunas de estas fueron adaptadas de artículo publicado por Sara Sanchis en el portal web de la revista Psicología-Online en mayo de 2020.

El Camello logro que sus jinetes utilizaran herramientas del coaching para obtener información y profundizar en las conversaciones con sus caminantes y compañeros jinetes. Su uso lo hicieron flexible para que se adaptaran a las situaciones y contextos propios con el objetivo de que prevalezca la reflexión y el cumplimiento de objetivos.

Algunas de las herramientas utilizadas las describo a continuación:

El silencio: Es el espacio donde no se habla y se respeta al otro. Guarda silencio para permitir reflexionar y ordenar sus ideas, en lugar de presionar con otra pregunta para obtener una respuesta inmediata cuando no la tiene, de lo contrario obtienes respuestas poco significativas.

Preguntas eficaces: Conocidas también como preguntas abiertas que generan conversación para que las respuestas no sean los clásicos si o no. Las respuestas con estas preguntas generan aprendizaje, pues la respuesta no es conocida y se obtiene por reflexión.

Preguntas reflexivas: Son aquellas que al momento de realizarse provocan silencios, cuestionamientos y/o pensamientos que te llevan a un estado de conciencia. Ejemplo: ¿Qué harías si supieras que hoy es tu último día de vida?

Parafraseo: Esto es repetir con tus propias palabras lo que te están contando tus caminantes, con la intención de tener mejor comprensión del mensaje. Ejemplo: ¿Lo que estoy entendiendo de lo que me dices es...?

Las técnicas de Coaching que logro el Camello que sus jinetes empezaran a utilizar y que desde mi punto de vista una vez que se logren entender y aplicar correctamente les permitirá a los jinetes apuntalar definitivamente la cuña (calce) entre su filosofía de grupo, sus objetivos y estrategias corporativas con sus caminantes (Hacer la conexión humana), estas técnicas son las siguientes:

Técnica GROW:

Es un modelo que te brinda una estructura que puedes utilizar durante tus conversaciones. Mezcla la técnica junto a las herramientas que te he mostrado, así como tu estilo de caminar con el camello para convertirlas en preguntas que provoquen reflexión.

La técnica te permite llevar al caminante a definir su objetivo en la conversación, para que este analice con claridad su realidad actual, posteriormente observe qué opciones y oportunidades existen para transformarlas en un plan de acción que le permita acercarse a su objetivo.
Sus letras quieren decir lo siguiente:

G: Goal (Objetivos): Identificar el resultado/objetivo que el caminante desea lograr.
R: Reality (Realidad): Explorar las realidades de la situación actual del caminante.
O: Options (Opciones): Generar posibilidades y escoger las opciones que le permitan realizar estrategias y actividades que lo muevan hacia sus objetivos.
W: Will (Planes con etapas y obstáculos): Definir el plan de acción que le permitirá cumplir con el objetivo organizacionales y personales planteados desde un inicio.

Técnica de MEJORAS

Este modelo es muy importante para la retroalimentación, redirecciona una conducta y fomenta la confianza entre los caminantes/integrantes de un equipo, fomenta la escucha activa y permite entender la emocionalidad de las personas.
Sus letras representan lo siguiente:

M: Monitorear para saber la secuencia del evento o reto. ¿Cómo te sientes en tu caminar?
E: Entender conductas exitosas o logros que se valen la pena replicar. ¿Qué estás haciendo bien en tu caminar con el camello?

J: Juicios favorables sobre el logro. ¡Estoy de acuerdo que si lo haces muy bien!

O: Obtener información para mejor el potencial. ¿Qué podrías mejorar en tu trabajo?

R: Retroalimentar áreas de oportunidad. ¡Estoy de acuerdo en que estos puntos se pueden mejorar!

A: Alentar el no recurso a futuro. ¿Qué limitaciones necesitas afrontar para evitar este tipo de situaciones?

S: Señalar expectativas de conductas para el futuro. ¿Qué nuevas opciones harías para obtener un mejor resultado?

Técnica ACHIEVE:

Es una técnica donde se pueden desplegar habilidades tales como la escucha activan, la retroalimentación honesta, desarrollo del Rapport, plantear preguntas estimulantes y utilizar la intuición para motivar a los caminantes a que se involucren a fondo en el camino.

Sus letras significan lo siguiente:

A: Assess / Fijar la situación de los caminantes. Analiza la situación actual del caminante.

C: Creating / Crea alternativas diversas. Sirve para generar ideas de forma rápida y creativa.

H: Hone / Afina los objetivos. El objetivo debe significar algo para el caminante.

I: Initiate / Promover opciones. Fomentar la creación de ideas dando ejemplos de algunas no todos.

E: Evaluate / Evaluar opciones. Analizar cada opción generada en el paso anterior.

V: Valid / Diseñar un plan de acción real con tiempos. Comparar el presente con el estado deseado.

E: Encourage / Estimular el ímpetu a la acción. Estar renovando constantemente la motivación de sus caminantes.

Como Coach organizacional recomiendo que cuando se

utilice cualquiera de las técnicas descritas anteriormente siempre su concluya con un plan de acción, cual debe cumplir preferentemente con el método SMART al momento de redactar los objetivos de las áreas a trabajar. Cada letra representa un requisito que tus objetivos deberán cumplir el cual describo brevemente a continuación:

(S) Específico: ¿Qué quieres alcanzar?, ¿Qué te motiva o por qué es importante?, ¿Cómo lo lograrás?, ¿Con quién?
(M) Medible: ¿Cuánto? Debes definir cuáles serán tus métricas que te ayudarán a medir y evaluar tu avance
(A) Alcanzable: ¿Cómo? Le piensas hacer para alcanzar tus objetivos.
(R) Relevante: ¿Para qué? Mientras más importante sea para ti el objetivo estarás más motivado para alcanzarlo.
(T) Tiempo determinado: ¿Cuándo? Determinar cuándo quieres cumplir con tu objetivo

Mi recomendación en cuanto a números de objetivos planteados estos deben ser de uno a dos y máximo tres dependiendo de los recursos humanos, materiales financieros, y tiempo que necesites para lograrlos

Es importante dejar claro que a pesar de que los jinetes del camello tienen el entrenamiento y las habilidades para utilizar las herramientas y las técnicas de coaching, nunca vi que fomentara que sus jinetes realizaran sesiones de coaching como tales.

La herramientas de coaching que te mostré tiene un enfoque organizacional y práctico, donde el jinete puede asumir un liderazgo situacional, tener libre albedrío de decir en qué situaciones y en donde pueden ser aplicable este proceso.

A través de la figura 4.4, muestro algunos de los beneficios que ha tenido el camello amarillo cuando aprieta la cuña.

Figura 4.4: Beneficios de apretar la cuña

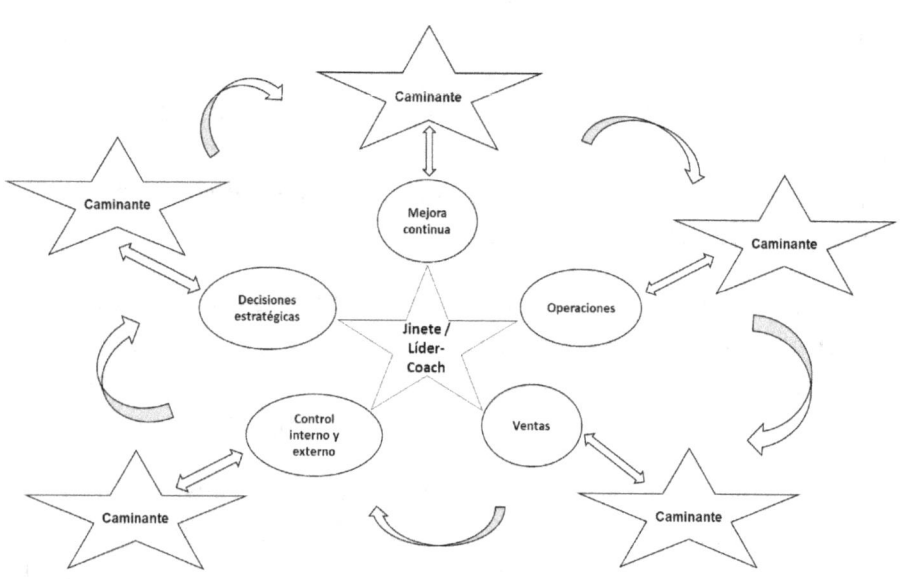

Podemos observar en la figura anterior que el calce del camello tiene como estrella central al Jinete-Líder-Coach, el cual es el encargado de transmitir la cultura organizacional a todos los caminantes o colaboradores para que estos se conviertan en estrellas que brillan cuando la luz no es muy clara en el camino del

Camello en busca de la excelencia operativa que le permita cumplir con su propósito y objetivos organizacionales.

Cuando acompañe al Camello escuchaba a muchas personas diciendo lo siguiente:
- Cuando sea jinete, me comportaré de esa manera.
- Cuando tenga dinero ahorraré y me tomaré unas buenas vacaciones.
- Cuando tenga tiempo, terminaré de estudiar la prepa, licenciatura o maestría, en fin, algún día aprenderé.

Si lo aprecias en los comentarios anteriores y pensáramos de esa manera, terminaríamos por convencernos a nosotros mismos que la primera barrera a la cual nos enfrentamos es a la falta de algo (tiempo, dinero, condición física, posición, etc.), de esta manera estamos posicionando el principio universal del logro de manera incorrecta (Tener-Hacer- Ser).

Entendí que, si uno quería disfrutar el camino acompañando en el andar a un camello y alcanzar una posición de jinete / líder, debería trabajar en mi ser, preguntarme: ¿Cómo piensan los jinetes? ¿Qué libros puedo leer que me ayudarán a pensar así? ¿Qué puedo estudiar o que cursos debe tomar? ¿Dónde estoy ahora y a donde quiero llegar a estar?

Si quería llegar a ser un gran caminante y superar mis metas y objetivos personales y profesionales, tendría que hacerme preguntas como: ¿Cuáles son las características de un gran vendedor? ¿Cómo tratar a la gente? ¿Cómo me puedo convertir en una persona atractiva para los demás? ¿Cómo puedo hablar correctamente? Preguntas que me acercaban más a mí ser.

El Camello lo que intenta día con día como vimos anteriormente cuando aprieta la cuña es potencializar a las personas, ya que muchas de las actividades rutinarias en un futuro cercano serán hechas por la inteligencia artificial (IA). Te invito a que dediques un buen tiempo en entender que tipo de hijo (a), padre, madre, esposo (a), hermano (a), compañero (a), líder, jinete aspiras a convertirte para cumplir tus metas.

En la figura 4.5, Te dejo las siguientes preguntas detonadoras para que sigas trabajando en tu ser y tu andar junto al camello tenga sentido.

Figura 4.5: Preguntas detonadoras del ser

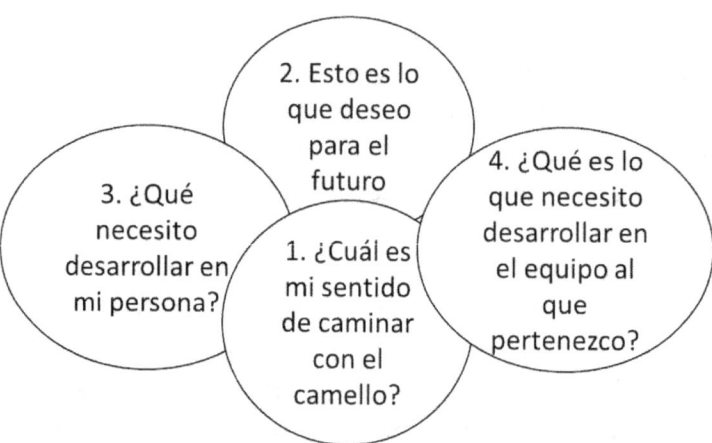

Respuestas:

_____

_____

CAPÍTULO V

> **"Lo que no se define no se puede medir, Lo que no se mide no se puede mejorar, Lo que no se mejora, se degrada siempre´´**
>
> (William Thomson Kelvin)

LA MEDICIÓN

En los procesos de gestión una de las frases más populares que existe es ´´**Lo que no se puede medir, no se puede mejorar** ´´, los jinetes de Camellos o de cualquiera empresa en forma muy constante lo están repitiendo a sus equipos de trabajo que acompañan.

La medición es esencial para el liderazgo de los jinetes, sin duda, ya que les permite tomar decisiones eficaces durante la gestión del Camello. Al medir los factores relevantes, obtienen información valiosa sobre el desempeño y el progreso de su organización, así es como identifican áreas de mejora y toman decisiones más informadas que les permiten seguir teniendo éxito durante su caminar.

En este capítulo te mostraré como en el Camello amarillo, el jinete mide el desempeño de sus caminantes y el suyo propio a base de las estadísticas, ya que a través de estas tienen una manera más objetiva de retroalimentar a su equipo de trabajo y evita hacerlo a través de opiniones o suposiciones porque hacerlo de esta manera estaría creando un mal ambiente de trabajo.

Los caminantes y el mismo jinete necesitan saber qué se espera que ellos hagan para que lo puedan hacer, saber de manera objetiva como se están desempeñando para que puedan responsabilizarse por su desempeño, de lo contrario trataran de conducir al Camello por diferentes caminos.

Cuando el Camello acepta a un caminante cualquiera que sea el papel que va a desempeñar durante su camino, deja bien claro cuál es el desempeño que espera de él para poder continuar acompañándolo y tenga la oportunidad de estar mejorando en forma continua su productividad.

A manera de analogía de lo anterior; *es como cuando tú tienes una casa y la quieres rentar a otra persona, lo primero que le dejas claro en el contrato de arrendamiento es lo que quieres que suceda verdad; como cuál es el monto de la renta, el día que te tienen que pagar, si le vas a permitir hacer modificaciones o no a cuenta de la renta, si tiene que pagar el agua, la luz, el gas, entre otras más, que puedas especificar. Ahora que pasaría si el inquilino en repetidas ocasiones no cumple con alguno o varios de los puntos anteriores ¿Qué harías? La respuesta seguramente sería pedirle la casa, verdad, eso mismo hace el Camello con los caminantes que no cumplen con su desempeño.*

Pude observar que el objetivo del Camello y sus jinetes no es reemplazar a los caminantes, si lo es ayudarlos y acompañándolos a que estos cumplan con sus objetivos, desarrollando sus habilidades y competencias a través del entrenamiento continuo, que les generé una visión diferente de su entorno y puedan estar dispuestos a mejorar sus resultados durante su caminar, ya que contarán con las herramientas y con el conocimiento para poder hacerlo.

Si después de haber hecho lo anterior el jinete se da cuenta de que las competencias de algunos de los caminantes no son las acordes al puesto que ocupan, en ese momento también puede tomar la decisión de remplazarlo y esto no significa necesariamente que salga del camino, el jinete tiene la capacidad de poderlo colocar en otra posición distintas en la cual pueda desempeñarse mejor y de acuerdo con sus competencias mostradas.

El Camello tiene debidamente planeados cuáles son los objetivos que tiene que estar evaluando durante su recorrido que tienen que hacer en forma diaria, semanal, mensual, semestral y anualmente, cuenta con el registro de las estadísticas a través de hojas de desempeño y evaluaciones objetivas de sus indicadores clave que más impactan en la generación de valor a los clientes en todas las áreas.

Para lograr lo anterior define planes de acción, los cuales parten de los objetivos estratégicos que se plantean, con un alcance a uno, cinco y diez años que cumplen con el propósito y visión del negocio.

Fíjate que interesante en mi recorrido me tocó vivir los cambios de realizar las estadísticas que más me ayudaran a tomar decisiones acertadas en forma manual hasta contar hoy por hoy con la ayuda de la tecnología a través de sistemas operativos de gestión e índices de satisfacción de los clientes entre otros, donde ya no es necesario arrastrar el lápiz dicho muy común en su momento en el entorno organizacional.

¿Qué hace el camello para mejorar las estadísticas?

Hasta ahora te he comentado solo sobre la responsabilidad por el desempeño que les pide a sus caminantes y jinetes el Camello, esto es equivalente al **cuánto** o cantidad. Por lo que ahora te mostraré el **cómo** necesita el Camello que se recorra el camino, lo que le permite mejorar las estadísticas individuales y por equipos de trabajo.

Empezaré por hablar sobre el tema de la **motivación**, el cual al igual que el de liderazgo y coaching te encuentras en las páginas web cientos de millones de páginas relacionadas con este concepto. Solo te mostraré algunas de las principales teorías sobre este tema y veremos qué es lo que pasa en el Camello.

Las teorías de la motivación explican cómo surge, se desarrolla, aumenta y disminuye la motivación en los seres humanos. **En psicología, la motivación se define como:**
´´Una serie de procesos que inicia, guía y mantiene todos los comportamientos relacionados con la capacidad de alcanzar una meta´´

Existen muchas teorías motivacionales distintas y hoy en día todavía no existe un consenso sobre cuál es la mejor forma de explicar este fenómeno psicológico. Algunas de las teorías más importantes que podrás encontrar en cualquier libro que hable sobre motivación son las siguientes:

Teoría de los dos factores de Herzberg: Esta teoría propone que existen dos tipos de factores que determinan el nivel de satisfacción que los empleados muestran hacia sus responsabilidades laborales: los de motivación, y los de higiene. Los factores de motivación son aquellos que llevan a los empleados a esforzarse, innovar, sentirse satisfechos y trabajar más duro. Por otra parte, los factores de higiene son aquellos que provocan falta de motivación y de satisfacción laboral si no están presentes. Algunos de los más comunes son el salario, los beneficios laborales, o las buenas relaciones con los jefes y los compañeros de trabajo.

Teoría de las necesidades de Maslow: Propone que las necesidades humanas se organizan jerárquicamente en cinco categorías: fisiológicas, de seguridad, de amor y pertenencia, de estima y de autorrealización. Según esta teoría, las necesidades de un nivel inferior deben ser satisfechas antes de que las necesidades de un nivel superior puedan ser satisfechas.

Teoría de la expectativa de Vroom: Propone que la motivación depende de la expectativa de que el esfuerzo dará lugar a un buen rendimiento, y de que el buen rendimiento dará lugar a una recompensa deseada.

Teoría de la equidad de Adams: Propone que la motivación depende de la percepción de que los empleados son tratados de manera justa en comparación con otros empleados.

Teoría de la atribución de Weiner: Propone que la motivación depende de la forma en que los individuos atribuyen el éxito o el fracaso. Según esta teoría, los individuos pueden atribuir el éxito o el fracaso a factores internos o externos, y estas atribuciones pueden afectar su motivación.

Teoría de la autorregulación de Kanfer: Propone que la motivación depende de la capacidad de los individuos para establecer metas, planificar y monitorear su propio comportamiento.

Teoría de la motivación intrínseca de Deci y Ryan: Esta teoría propone que la motivación depende de la satisfacción de las necesidades psicológicas básicas de competencia, autonomía y relación, y que las actividades que satisfacen estas necesidades son más motivadoras que las actividades que no las satisfacen.

Como puedes observar solo te estoy presentando siete y no son las únicas, el Camello de lo que se ha dado cuenta es que en la realidad nadie es capaz de motivar a alguien, que la motivación depende de cada persona, lo más que puede hacer un Camello es **crear las condiciones para que los caminantes se motiven de forma interna.**

El Camello toma como definición práctica de motivación la siguiente:

´´**Los comportamientos que sus caminantes toman para sí mismos y estos los impulsan a conseguir a sus metas**´´

Esto te lo muestro gráficamente a través de la figura 5.1:

Figura 5.1: Comportamientos y Motivación

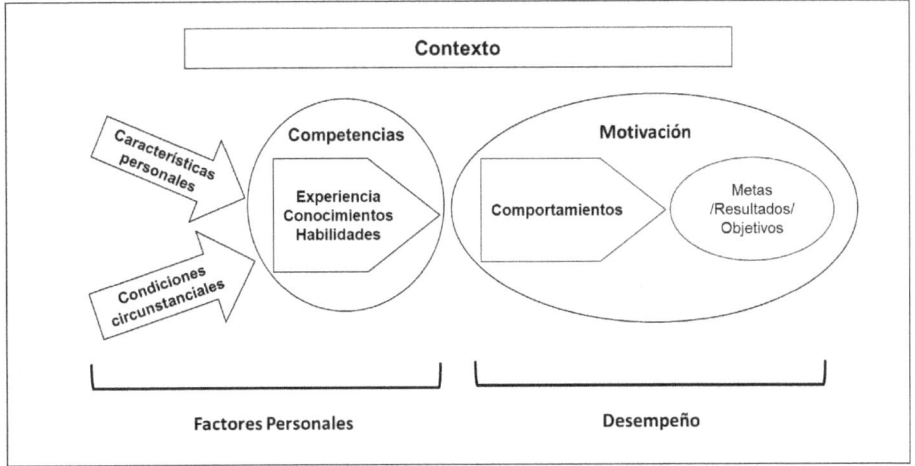

El comportamiento humano es un fenómeno complejo que puede ser influenciado por múltiples factores, por lo que las personas somos seres bio-psico-sociales que podemos tener influencias de múltiples factores, en este caso cuando hablamos de comportamiento humano nos referimos a la parte observable e incluso medible de las personas, mencionaré solo algunos que se pudieron identificar en las personas que acompañan al Camello amarillo para explicar la figura anterior.

En cuanto a Característica Personales tenemos:

Factores Biológicos: Ciertas estructuras cerebrales están relacionadas con, la capacidad de autocontrol, adquisición del lenguaje y los movimientos del cuerpo.

Factores Psicológicos: Los pensamientos y las emociones pueden influir en nuestro comportamiento.

En cuanto a Condiciones circunstanciales:

Factores Ambientales: El entorno que nos rodea suele tener un impacto significativo en la conducta, el frío, el calor, el día, la noche, etc.

Factores Sociales: La interacción con otras personas, las normas sociales y las expectativas de los demás suelen influir en la forma en la que actuamos.

Factores Culturales: Las tradiciones y el idioma, entre otros, determinan los comportamientos socialmente aceptados en algunas partes del mundo.

Los factores personales expuestos anteriormente nos llevan a que las personas adquieran experiencias, conocimientos y habilidades demostrables y sobre todo medibles a través de sus comportamientos que escogen y los impulsa cumplir sus metas, objetivos y obtener los resultados que ellos están esperando.

¿Entonces la medición del comportamiento de cada persona hace que el Camello camine?

No, es necesario que los jinetes formen y desarrollen equipos de trabajo, los caminantes deben lograr hacerse responsables de su desempeño y de su comportamiento y no debemos confundir el trabajo en equipo, te menciono el siguiente ejemplo:

´´En ocasiones pensamos que trabajar en equipo se refiere a que cuando alguien no termina con las actividades que le fueron asignadas, o cuando alguien no ha llegado a su meta, es necesario que se le pida al resto del grupo su apoyo para ayudar al compañero que no cumplió, erróneamente pensamos que eso es trabajo en equipo´´.

En el Camello amarillo todo lo que hacen lo hacen en equipo, por eso sigue caminando a pesar de transitar por caminos turbulentos del mundo actual, sus jinetes tienen muy claro que, si quieren ir rápido y cerca, van solos, pero si quieren ir lejos, de manera sostenida, necesitan ir en equipo.

Entendiendo como equipo lo que Luis Carchak nos

menciona en su libro ´´Coaching de Equipos en la práctica´´, complementada con mi experiencia en el Camello:

´´Un equipo de trabajo es: Gente que se reúne con un objetivo común, que se ha puesto de acuerdo justo cuando no está de acuerdo, para llegar a un acuerdo que les permita cumplir con el objetivo´´

El Camello y sus jinetes han entendido que no necesariamente la gente tiene que estar de acuerdo con algo, pero que si es muy importante que se desprendan por momentos de sus posturas y exploren nuevas posibilidades que los llevaran a cumplir objetivos comunes que benefician a todos los involucrados.

Otro reto que está tratando de superar hoy en día los jinetes es el conformar equipos multigeneracionales entendiendo estos como: Grupos de personas que trabajan juntas y tienen diferentes edades, experiencias y formas de ver al mundo, recordemos que las personas nacidas en los albores del siglo XXI ya están muchos de ellos incorporados en el mundo laboral.

La responsabilidad al final de cuentas de los jinetes es lograr que todos sus caminantes y ellos mismos logren ser estrellas que iluminan el camino del Camello amarillo.

CAPÍTULO VI

ENTRENANDO

> **''El secreto está en el enfoque: deja de mirar las cosas como gerente y empieza a mirarlas como entrenador''**
>
> (Brian Sousa)

Durante este capítulo vamos a ver como el Camello se entrena de manera continua, no escatimando en ningún momento recursos ni tiempo con sus jinetes y caminantes.

Me ha tocado ver a muchas empresas que se ejercitan con la esperanza de mejorar, pero que no entrenan y las relaciono con los siguientes ejemplos: Las personas que asisten a un gimnasio a ejercitarse seguramente su objetivo es mejorar su condición física y puede que lo logren en un tiempo largo y a un costo alto y, por otro lado, tenemos a las personas que también van al mismo gimnasio con el mismo objetivo que las anteriores la diferencia es que estas últimas se acercan con un entrenador que generalmente ya es parte del servicio que ofrece el gym quien a través de un proceso planificado y estructurado de acuerdo a las condiciones físicas actuales de cada persona define objetivos paso a paso tomando en cuenta las áreas de oportunidades que presente en su cuerpo y al final vemos que los resultados son mejores y se sostienen en el tiempo.

También tenemos equipos de cualquier deporte que solo se presenta a jugar los partidos sin ninguna estrategia de juego, o el nadador que por más que bracea en la piscina no logra mejorar sus tiempos porque no tiene seguimiento ni retroalimentación de un entrenador.

Basándonos en los ejemplos anteriores podemos determinar que el ejercicio y el entrenamiento son dos cosas muy diferentes y muchas personas confunden estos conceptos y suelen pesar que son lo mismo, hacer ejercicio siempre va a ser bueno, sea cual sea la forma, pero entrenar implica tener un plan y conocer exactamente lo que tienes que hacer para conseguir lo que te propusiste como es el caso del Camello quien se ha propuesto lograr cumplir con su filosofía organizacional y sus objetivos estratégicos.

El Camello amarillo tiene bien diseñado un proceso de integración y formación que les permite a los nuevos caminantes y jinetes, conocerlo de manera efectiva e incorporarse exitosamente al inicio de sus nuevas responsabilidades. En él hay dos actividades primordiales:

a). **Acompañamiento del jinete.** Esto significa que el jinete recibe a los nuevos caminantes, da la bienvenida, lo presenta con el equipo, le habla del Camello, le especifica el entrenamiento a realizar y los criterios para llevarlo a cabo de manera oportuna.

b). **Cumplimiento del entrenamiento.** Los caminantes y jinetes nuevos, a través de un aprendizaje vivencial orientado por su jinete líder-coach, conoce el funcionamiento de las distintas áreas de las que se compone el Camello, quienes son sus clientes y realizan una revisión profunda de la cultura organizacional y la estrategia corporativa.

Se forman como especialistas en su función, sensibles a la operación del negocio y con una gran capacidad de brindar un servicio excepcional en los distintos niveles del Camello, además de que les duele cuando las cosas no están como deben estar de acuerdo con los estándares especificados.

En la figura 6.1: Muestro como es el proceso de entrenamiento de manera práctica que lleva a cabo el Camello y aclarando que es una de varias posibilidades que tiene y que le han dado resultados extraordinarios en sus operaciones y como consecuencia cumplir con sus objetivos y estrategia.

Figura 6.1: Fases del entrenamiento del Camello

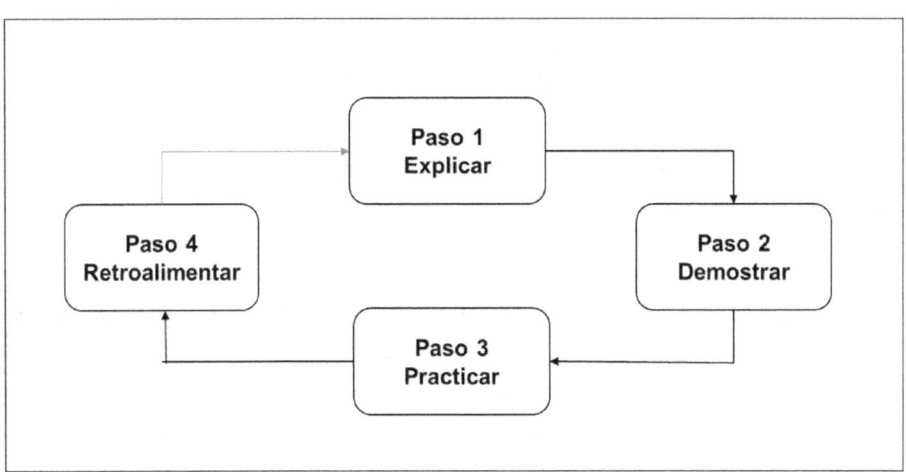

Paso 1:
-Se menciona la fusión o estándar que se tiene que practicar.
-Se explica claramente la función y/o estándar a cumplir.
-Se explica los beneficios de cumplir con las funciones y estándares

Paso 2:
-Se le representa como es que se tiene que hacer la función o estándar a cumplir.
-Se le pide al caminante o jinete que lo haga para observarlo y corregirlo las veces que sea necesario.

Paso 3:
-Se realizan prácticas en condiciones reales.

Paso 4:
-Se retroalimenta de manera positiva una vez que se observa practicar a los caminantes y jinetes nuevos.
-Se les deja claro que pasa en caso de no practicar en forma constante la función o estándar instalado.

El Camello procura siempre retroalimentar sobre estadísticas y comportamientos observables, no sobre opiniones, porque de esta manera evita el caos organizacional.

Tiene que tomar en cuenta algunos criterios para que la retroalimentación que brinda tenga éxito:

a). Pide a los jinetes mantener sus opiniones para sí mismo: Cuando tiene los hechos los tiene que usar. No debe al momento de dar retroalimentación usar su opinión porque esta no es objetiva. Por ejemplo, puedes tener una muy buena impresión de algún caminante y pensar que es muy productivo, sin embargo, cuando revisas sus estadísticas te das cuenta de que no cumple con sus metas asignadas y pude suceder lo contrario pensar que un caminante no cumple y al checar sus estadísticas te das cuenta de que si lo hace.

b). La retroalimentación sobre opiniones crea desacuerdos. La retroalimentación sobre hechos no: El jinete puede tener opiniones de muchas cosas y el caminante puede tener un punto de vista diferente de la situación y eso genera que no se pongan de acuerdo. Sin embargo, si el jinete le da retroalimentación sobre una situación concreta, no habrá discusión, pues el caminante sabrá que tienes razón. Por ejemplo: Si le dices a un caminante o jinete que no saludó amablemente al Cliente de un Camello, el caminante te puede decir que sí fue amable y entrarán en discusión porque el término de amabilidad puede ser diferente para ambos, pero si le dices que cuando saludó al Cliente no sonrió ni hizo contacto visual, él no podrá objetarte el hecho.¿Pero qué es la retroalimentación?

Si tu equipo no sabe que está haciendo mal, ¿Cómo hará para ajustarse? ¿Cómo va a pasar al siguiente nivel de resultados?

(Manuel Sotomayor)

Para el Camello amarillo, la retroalimentación no es solamente una opinión sobre lo que hacen los caminantes y jinetes:
´´*Es información objetiva para corregir y mejorar sus comportamientos y que esto les permita mejorar su desempeño, si algo están haciendo de manera incorrecta lo corregirán y si lo hace bien y lo reconocen lo quieran seguir haciendo*''

Esta información que se les brinda, para que realmente sea información y no un simple comentario, debe estar basada en Comportamientos, ya que estos son algo objetivo, te menciono algunas que se consideran como buenas retroalimentaciones:

No la cargues de emociones: Nunca des retroalimentación cuando estés demasiado enojado como para darla tranquilamente. La retroalimentación brindada cuando se está enfadado puede ser exagerada y malinterpretada. Cuando estás demasiado alterado, las personas se sienten que están siendo atacados de forma personal, aun cuando estés brindando retroalimentación basada en comportamientos. Si no puedes controlar tus emociones, espera hasta haberte calmado.

Debe ser objetiva, informada y Especifica: Debe darse apegada a los hechos y de manera específica para evitar diferencias de opiniones. Concentrarse en los comportamientos que se han observado y que necesitan ser mejorados. Por ejemplo, supones que tienes la impresión de que un caminante no ha estado cooperando con otro. Comunicarle a él esta impresión no ayudaría a corregir el problema. En lugar de eso, dile que has observado, que las herramientas que está utilizando para desempeñar su trabajo no las ha estado regresando al lugar de donde las ha tomado y eso representa que otros caminantes estén perdiendo tiempo en localizarlas. Estos son comportamientos específicos que un caminante puede corregir, lo que ayudará a cooperar con sus compañeros caminantes.

Debe estar relacionada con el trabajo: La información debe resaltar áreas específicas del desempeño que tienen un valor cuantificable para el Camello o para ti, y no de áreas generales de preferencia personal.

Dala de forma directa: Al brindar retroalimentación sobre comportamientos incorrectos, no trates de amortiguarlo añadiéndole retroalimentación positiva. Solamente estás tratando de sentirte mejor contigo mismo. Cuando sea momento de elogiar, hazlo. Cuando sea el momento de brindar retroalimentación de una acción negativa, hazlo. Si mantienes más inclinado el lado positivo de la balanza de retroalimentación, no será difícil confrontar a los caminantes cuando ellos cometan errores.

Hazla de forma Inmediata: La retroalimentación inmediata es mucho más efectiva que la retroalimentación tardía. Es de muy poca utilidad darse cuenta de los resultados de una acción realizada hace un mes, hace una semana o un día, ya que la retroalimentación histórica no hace nada para corregir o mejorar esa historia. El jinete debe estar en el camino con los caminantes para observar tanto los comportamientos buenos como los malos, en el momento en que ocurren. Sus posibilidades de sorprender a alguien haciendo algo bien o mal y brindarle retroalimentación en el momento son mayores. Cuando observes un comportamiento, actúa inmediatamente. Las tareas operativas pueden esperar. La retroalimentación no. Las pequeñas mejoras en el desempeño deben ser reconocidas y reforzadas. Dado que los cambios en el desempeño ocurren lentamente, es crucial reforzar las pequeñas mejoras cuando ocurren.

¿Qué pasa si ya me dijeron lo que tengo que hacer y además me retroalimentaron y no lo hago?

El Camello desde el principio deja muy claras **las consecuencias** que tienen las acciones que resultan de los comportamientos de los caminantes y jinetes.

La idea es que, si los caminantes saben que serán recompensados por hacer un buen trabajo, las posibilidades de continuar haciendo un buen trabajo son mayores. De igual manera, si ellos saben que estarás ahí con una consecuencia negativa si hacen algo mal, ellos se esforzarán por no volver a hacer las cosas.

Se deben brindar consecuencias positivas tan seguidas como sea posible. Las consecuencias negativas se deben dar solamente cuando sean necesarias: Las consecuencias negativas solo funcionan si das retroalimentación positiva muy seguido. Es decir, si a un caminante continuamente le das retroalimentación negativa, ya lo que le digas no le interesa, no le da importancia, total una mancha más al tigre no pasa nada. Pero si está acostumbrado a la retroalimentación positiva y después le das retroalimentación negativa, eso llama su atención y actúa para corregir.

Te menciono cuáles fueron algunas de las mejores consecuencias que se observó aplica el Camello:

Las Valoradas personalmente por sus acompañantes: Cualquiera que sea la consecuencia que establezca, deberá de ser de valor, ya sea positivo o negativo para el acompañante al que va dirigido. Todos somos personas diferentes y algo que te pueda parecer una gran recompensa positiva para ti, para otro caminante puede no serlo, y él impactó que buscas no lo lograrás. Para determinar esto debes conocer a tus acompañantes.

Aplicadas inmediatamente después de haber observado el comportamiento o haber alcanzado la meta: Esto ayuda a reafirmar tanto el comportamiento positivo como el negativo. Si la consecuencia no es aplicada inmediatamente, el acompañante puede no recordar claramente porque se la están aplicando y no podrá corregir si fuera necesario o continuar repitiendo un buen comportamiento.

Apropiadas de acuerdo con la falla o al logro: Cada situación es diferente y deben evaluar cada consecuencia para ver si es la más adecuada para el comportamiento observado.

¿Cómo me doy cuenta si el entrenamiento es efectivo?

El Instituto Politécnico Nacional de México (IPN), nos menciona que los resultados de los programas de entrenamiento se deben medir en alguna forma para estar seguros si el entrenamiento ha logrado lo que le corresponde.

La etapa final del proceso de entrenamiento es la evaluación de los resultados obtenidos. Dicha evaluación debe considerar dos aspectos:

a). Determinar si el entrenamiento produjo las modificaciones deseadas en el comportamiento de las personas.

b). Verificar si los resultados del entrenamiento presentan relación con la consecución de las metas de la empresa.

Lo muestro gráficamente en figura 6.2.

Figura 6.2: Impacto del entrenamiento en el desempeño

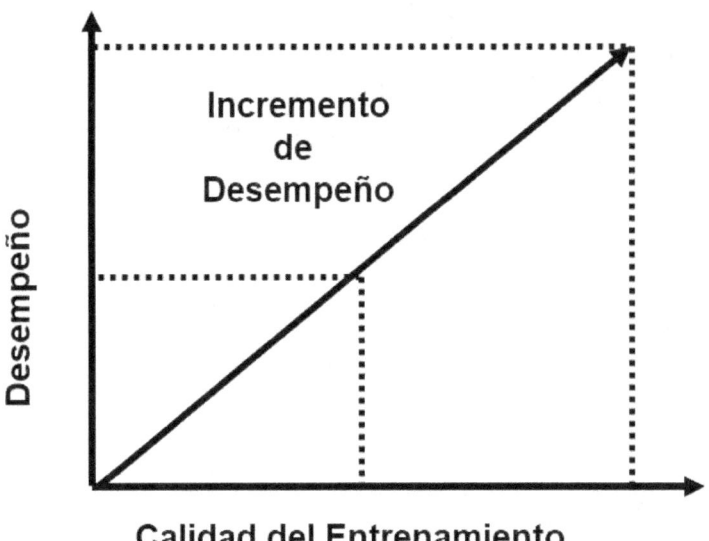

En la gráfica anterior vemos que la calidad del entrenamiento es directamente proporcionar a cumplimiento del desempeño esperado: Mientras más entrenamiento de calidad se les proporcione a las personas, más posibilidades tienen de poder tener el desempeño esperado que los lleve a cumplir sus metas cualesquiera que estas sean.

La evaluación de los resultados el Camello amarillo las hace en tres niveles:

En el nivel organizacional donde el entrenamiento debe proporcionar:

- Aumento de la eficiencia organizacional.
- Mejoramiento de la imagen del Camello.
- Mejorar relación entre Camello y acompañantes (caminantes y jinetes).
- Facilidad en los cambios y en la innovación.

En el nivel de los Recursos Humanos:

- Reducción de la rotación de personal.
- Disminución de ausentismo.
- Aumento de la eficiencia individual de las personas.
- Aumento de las habilidades personales.
- Elevación del conocimiento de las personas.
- Cambio de actitudes y comportamientos de las personas.

En el nivel de Tareas y Operaciones:

- Aumento de la productividad.
- Mejoramiento de la calidad de productos y servicios.
- Mejoramiento de la atención y servicio a los clientes.
- Reducción de accidentes.

Con la práctica constante de su operación, el Camello tiene claro que tiene que gestionar el talento humano, te lo explico en la figura 6.3:

Figura 6.3: Gestión del Talento en el Camello

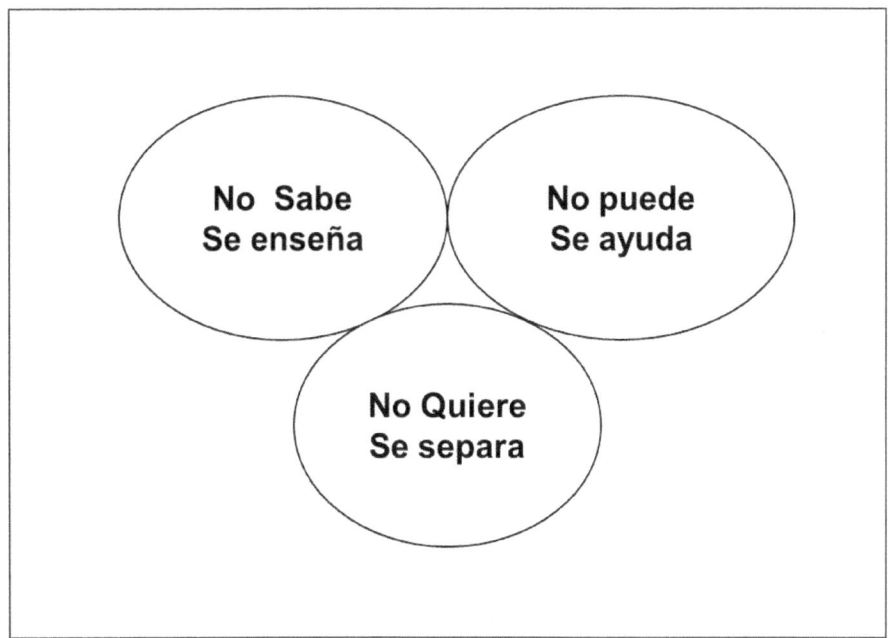

Cuando las personas no saben hacer las cosas porque son nuevas o tienen una nueva responsabilidad que desempeñar, el camello las enseña a través del entrenamiento como ya lo vimos.

Cuando las personas no pueden todavía hacer las cosas, se le presta ayuda por un tiempo determinado para que dominen sus nuevas responsabilidades.

Ahora, si a las personas, ya se les enseñó, se les ayudó y aun así no quieren cumplir con su responsabilidad, el Camello las separa de sus funciones actuales,

esto quiere decir que no necesariamente se tienen que separar del camino del Camello, ya que se le busca otra posición donde pueda seguir acompañándolo y si no está de acuerdo ahora sí tiene que abandonar el camino.

CAPÍTULO VII

LA MUDA

El camello, muda el pelo una vez al año entre primavera y verano. Al acercarse el invierno, a los camellos les crece un pelaje grueso que los mantiene abrigados. A finales de la primavera, mudan este pelaje muy rápidamente...

(Curiosfera)

El Camello, contrata a sus caminantes y jinetes con la intención que lo acompañen toda la vida satisfaciendo sus necesidades y aspiraciones, apreciándolos más que cualquiera otra empresa, lo que siempre busca es que nadie lo abandone como hemos venido viendo a largo de los capítulos anteriores su estrategia es enseñar, supervisar y apoyar a sus caminantes y jinetes hasta que haga bien su trabajo o decidan mudarse si así lo desea habiéndole dado las suficientes oportunidades.

Sin embargo, el Camello reconoce cuando el interés individual de un acompañante es superior al del él, se respeta y apoya su decisión de mudarse, esperando que a la persona le vaya muy bien siempre. Cuando la muda es por un despido, el Camello lo ve como algo grave, por lo que piensa en lo mal que se puede sentir la persona, más si siente que no recibió retroalimentación previa de en qué está fallando. Sin embargo, también entiende que, si es necesario separar a alguien de su camino por bajo desempeño, fallas, errores constantes, falta de probidad, etc., promueve que se haya cumplido con todo lo que estuvo de su parte para que esto no sucediera.

Si al final algún acompañante del Camello desea renunciar, está en todo su derecho de hacerlo, lo que se desea es que la gente trabaje en un lugar donde se sienta cómodo y pueda cumplir con sus expectativas y de no encontrarlo con el Camello, solo se les pide: Avise de su intención de mudarse con la mayor anticipación posible, aún y cuando no sea seguro, esto ayudará a prepararse para que su muda no afecte al servicio que brinda en su caminar.

El Camello les pide a sus acompañantes que se van a mudar, que platiquen abiertamente con sus jinetes, a lo mejor ellos pueden motivarlos a no dejar el camino, Si la muda es por ganar más dinero en otro lado, le pide revise bien antes de decidir, ya que con frecuencia otras empresas ofrecen aparentemente más, pero en realidad es menos al considerar las prestaciones y beneficios que él ofrece.

Si la muda de un acompañante es porque el Camello así lo está decidiendo, esta debe estar justificada de acuerdo con sus políticas y decisiones internas, cuyo incumplimiento tiene como consecuencia el término de la relación de acompañamiento. Esto debe de estar bien justificado a través del seguimiento interno correspondiente a cada situación, ya que el camello por ley tiene que justificar la causa, cuando sea por faltas atribuibles a los acompañantes.

Lo que el Camello siempre procura que cuando un acompañante decide mudarse, sea de la mejor manera para ambas partes. No se debe dar de baja a futuro; es decir sí ya está decidido por el acompañante o el camello, la baja se tiene que hacerse de forma inmediata, ya que el Camello tiene considerado que su acompañante ya no tendrá las mismas ganas para realizar su trabajo y puede correr el riesgo que un caminante o jinete contamine a otro.

Considera que se tiene que dejar ir facilitándole el proceso para que empiece a buscar su nuevo trabajo y su futuro sea exitoso. Siempre que un acompañante pida su muda y este convencido de ello, se tiene que aceptar y nunca tratar de retener porque no se cuente con los acompañantes autorizados.

El Camello maneja un límite de edad a sus acompañantes para que se abra paso a nuevas generaciones para que estas ocupen puestos claves de su estructura.

Para ello genera las condiciones apropiadas para que las personas que cumplen 60 años encuentren, capaciten y desarrollen a sus futuros sustitutos antes de cumplir los 65 años. Se busca con ello, que los nuevos sean capaces de transitar con éxito los caminos que recorre a favor de la existencia futura del camello.

Por ello, el Camello deja de manera muy clara a todos los que deciden acompañarlo en su camino desde un principio, que están limitados, ya que la esencia de su naturaleza y como acción de gran responsabilidad, se estableció que la edad de 65 años sea de manera obligatoria la edad límite para poder acompañarlo.

No te retires simplemente de algo; ten algo a lo que retirarte...

(Harry Emerson Fosdick)

Eres un caminante o jinete de algún Camello y estás por iniciar esta etapa de tu vida, es momento de hacerlo de manera creativa y explorar ciertos aspectos de la vida. Las personas experimentamos durante nuestra existencia diversas etapas que van conformando nuestra vida individual y que posibilita un desarrollo continuo en el tiempo hasta el final de nuestra existencia. Estas etapas se configuran y definen no solo por la edad cronológica, sino también por una serie de aspectos socioculturales que marcan a los seres humanos.

En este sentido, conforme vamos recorriendo las diferentes etapas del camino llamado vida, vamos otorgando significados diferentes a los diferentes aspectos que conforman nuestro entorno, Por ejemplo: en nuestra infancia, la familia es fundamental para nuestra formación y socialización, los aspectos sociales son prioritarios para darle sentido de pertenencia e identidad a nuestra vida.

Ya de adultos, los aspectos laborales y financieros son relevantes en la existencia de las personas, al final de cuentas cada uno de nosotros le va a otorgar y asignar de acuerdo con sus necesidades e intereses la importancia que tiene cada aspecto en su vida. Sin embargo, es importante prestar atención a ciertos elementos que puedan conducirte en este proceso a tener mayores probabilidades de éxito.

Hay una serie de aspectos a tener presentes durante un proceso de muda por cualquiera que este sea el motivo.

Salud:

Uno de los aspectos más importantes es la salud, Sin ella, difícilmente podemos integrar plenamente los otros aspectos a nuestra existencia. Una buena salud se refleja tanto en el aspecto físico como en el mental; hoy en día es difícil, pero no imposible mantenerla debido al ritmo de vida acelerada y estresante, pero si podemos y es necesario tomar acciones diarias que nos puedan mantener sanos para alcanzar nuestros objetivos personales y organizacionales.

Te dejo las siguientes preguntas detonantes para que las contestes de manera objetiva cuando así lo consideres:

¿Cómo se encuentra tu estado de salud hoy en día?
Respuesta:

_____

_____

¿Eres consciente de tus hábitos que te ayudan a tener una vida saludable?
Respuesta:

_____

_____

¿Cómo te visualizas viviendo sanamente?
Respuesta:

_____

_____

¿Sí hoy fuera el último día de tu vida que harías diferente para mejorar tu estado de salud?
Respuesta:

_____

_____

Finanzas:
Este aspecto representa el conjunto de bienes materiales y valores, que conforman nuestro medio de sustento y patrimonio personal o familiar, la buena gestión de nuestras finanzas es esencial para tener estabilidad en nuestras vidas; si la realizamos de manera efectiva, tendremos tranquilidad que nos permita alcanzar muchas de nuestras metas.

Preguntas reflexivas:
¿Eres consciente de tu situación financiera actual?
Respuesta:

_____

¿Cuáles son tus hábitos financieros? ¿Ahorras?
Respuesta:

¿Cuál sería tu situación financiera deseada?
Respuesta:

¿Qué harías para mejorar tu situación financiera?
Respuesta:

Educación:
Mantener siempre el interés por aprender nos lleva a tener disciplina, confianza, seguridad y pensar, proponer, innovar y desarrollar nuestras actividades de forma diferente.
Preguntas reflexivas:
¿Cómo está tu educación actualmente? ¿Estás conforme?
Respuesta:

¿Qué recursos utilizas para mantener un aprendizaje continuo?
Respuesta:

¿Qué puedo hacer diferente para mejorar mi situación educativa?
Respuesta:

¿En los próximos cinco años como te visualizas en tu educación?
Respuesta:

Familia:

Este aspecto es el núcleo más importante al que pertenece el ser humano; representa la unión de aprendizaje e influencia de nuestra supervivencia, desarrollo emocional e identidad. Para muchas personas representa su inspiración y motivación que les da la fuerza para salir adelante. El mantener una relación cercada y cordial con nuestros familiares favorece la capacidad de establecer puentes y formar redes de apoyo con otras personas.

Preguntas de reflexión:

¿Cómo está tu relación familiar actual?

Respuesta:

_____

_____

¿Sabes cómo se encuentra tu familia?

Respuesta:

_____

_____

¿Tu familia te ha inspirado?

Respuesta:

_____

_____

¿Qué harías diferentes para mejorar tus relaciones familiares?

Respuesta:

_____

_____

Sociedad:

En este aspecto es donde decidimos cumplir con las normas, obligaciones y comportamientos con la intención de mantener el orden y la armonía del lugar en el que convivimos. Es importante mantener en todo momento el compromiso con la sociedad que, para reconocer las bondades y necesidades de nuestro entorno, apoyarnos unos a otros tomando acciones que estén dirigidas a generar un mayor bienestar y una mejorar calidad de vida.

Preguntas de reflexión:

¿Cómo vives tu rol en la sociedad?

Respuesta:

_____

_____

¿Conoces las necesidades y los deseos de tu comunidad?
Respuesta:

_____

_____

¿Qué puedes hacer para mejorar tu entorno social?
Respuesta:

_____

_____

Trabajo:
El aspecto laboral nos brinda los medios necesarios para satisfacer otras áreas de nuestra existencia, por lo cual el trabajo debe ser algo agradable y estimulante que nos proporcione satisfactores personales y de autorrealización.
Preguntas reflexivas:
¿Cómo se encuentra tu situación labora actualmente?
Respuesta:

_____

_____

¿Mis competencias laborales son las adecuadas para desempeñar mi trabajo?
Respuesta:

_____

_____

¿Cómo visualizo mi desarrollo labora a cinco y diez años?
Respuesta:

_____

_____

¿Qué puedo hacer para mejorar mi situación laboral?
Respuesta:

_____

_____

Espiritualidad:
En este aspecto es donde conectamos con nuestro ser y el mundo exterior, se basa en las creencias practicadas por cada persona que le dan identidad propia. Lo espiritual nos permite generar espacios de reflexión, que nos permiten tomar consciencia que nos permita desarrollarnos y trascender como seres humanos.
Preguntas de reflexión:
¿En qué o en quién crees lo tienes claro?
Respuesta:

_____

_____

¿Sabes lo que te hace trascender en la vida?
Respuesta:

_____

_____

¿Cómo se relaciona tu espiritualidad con otros aspectos de tu vida?

_____

_____

¿Qué harías para mejorar tu espiritualidad ahora mismo?
Respuesta:

_____

_____

A todos los caminantes y jinetes que hayan llegado a este punto cualquiera que sea el color de su Camello o empresa que acompañan, se merecen una gran felicitación y deben estar llenos de júbilo para disfrutar la muda en forma consciente y seguir teniendo éxito en sus actividades siguientes esto no se acaba hasta que se acaba.

Las preguntas de reflexión anterior sugiero también contestarlas en cualquier momento de tu vida y quieras afilar la sierra como lo menciona Stephen R. Covey en el séptimo habito de la gente altamente efectiva, pues a su juicio esto será lo que nos permita el equilibrio a nivel social, espiritual, físico, emocional y económico

CAPÍTULO VIII

CREANDO MOMENTOS PARA EL ÉXITO

> *´´Si quieres entender a una persona no escuches sus palabras, observa su comportamiento´´*
>
> (Albert Einstein)

A lo largo de los siete capítulos anteriores tuvimos la oportunidad de ver el camino que sigue una persona cualquiera que sea su puesto (caminante o jinete) desde que ingresa hasta que se muda del Camello. Ahora veamos como el Camello amarillo sigue creando momentos de éxito durante el recorrido por las arenas movedizas del mundo de los negocios del siglo XXI.

Para los jinetes/gerentes/coordinadores/líderes/ coach o como se le quiera llamar a los acompañantes que tienen el privilegio de tener gente a su cargo en la organización del Camello, se vuelve una necesidad fundamental que ellos sean los encargados de transmitir, modelar y vivir todos los días el propósito del Camello para crear la conexión humana necesaria para generar momentos de éxito como ya lo había explicado en el capítulo Tres.

El Camello tiene muy bien identificados a sus jinetes responsables de crear los momentos de éxito, de tal manera que tiene tres grupos definidos de la siguiente manera:

El primer grupo; es pequeño, digamos de un 20%, del total de jinetes, en este grupo encontramos a los que entienden muy bien de que se trata el liderazgo y lo practican, ya que tienen una gran influencia positiva sobre las personas que los rodean, son de esa clase de gentes que te escucha, te enseñan, te retroalimentan y te dan seguimiento lo que los convierte en grupo interesante para otras personas de tal manera que quisieras ser como ellos.

A este grupo se le ve aprendiendo de manera continua, ya sea en forma interna o externa, lo que les permite investigar, innovar y desarrollar en forma constante momentos de éxito, caminan libremente con sus acompañantes, ya que no necesitan que los estén supervisando de manera constante, sus competencias son altas y sus desafíos son altos lo que les permite que sus ideas fluyan, y sus estilos se repliquen por toda la organización.

El segundo grupo; es el más grande, aquí se encuentra el 70% de los jinetes, por lo que se vuelve el más interesante para desarrollar. Aquí encontramos a los jinetes que entiende de que se trata el liderazgo, muchos inclusive con grandes conocimientos sobre el tema, pero desafortunadamente no lo practican o les cuesta más trabajo influir en la gente que tienen a su alrededor.

En este grupo se pueden encontrar jinetes angustiados, ya que tienen un alto desafío por cumplir y cuentan con medianas competencias para cumplirlos; sin embargo, también encontramos jinetes con altas competencias, peros con desafíos bajos, por lo que los encontramos con un gran control de sus operaciones, pero también están aburridos.

El grupo es entrenado en forma interna y externa, supervisado y acompañado más frecuentemente por jinetes que les brinda coaching y mentorías para que se sigan desarrollando y den un brinco al primer grupo.

Tercer grupo; es un grupo pequeño de aproximadamente el 10% de los jinetes y son aquellos que tal vez nunca entiendan del liderazgo ni lo quieren entender ya que lo suyo, lo suyo es dominar técnicamente las operaciones que les corresponden y por algún motivo los pasaron de caminantes a jinetes.

Aquí encontramos a jinetes con poco desafío y pocas competencias, por lo que su estado de ánimo es en algunos casos de preocupación y otras de apatía, ambos los entrenan en forma interna y les da un seguimiento a corto y mediano plazo y de no cumplir con su preparación y objetivos se les separa del su camino ya que nunca van a generar momentos de éxito al contrario le van a hacer perder el tiempo ya que no han logrado encausar su camino al del Camello.

¿Qué pasa cuando el entorno interno no da para crear momentos de éxito?

Cuando las condiciones del entorno interno del Camello no son las adecuadas y no están permitiendo generar momentos de éxito, se sigue el proceso siguiente:

Inmediatamente, se ocupa de las cosas que no están saliendo de acuerdo con lo planeado, las aborda y las corregí de acuerdo con sus manuales de operación y de mejora continua, conecta y comunica lo que está sucediendo versus lo que debería de suceder, escucha a sus caminantes y aprenden juntos, restauran y fortalecen el trabajo en equipo, refuerzan el propósito del camello y se involucran para ayudar a que las cosas salgan bien y permitan seguir generando más momentos de éxito.

El Camello amarillo entiende lo que es la rotación de personal y el costo económico, operativo y de atención y servicio a los clientes que esto conlleva, por lo que en forma interna promueve que los jinetes y caminantes vean el resultado de sus comportamientos reflejados en acciones generadas desde diferentes ángulos de observación y estas sigan creando momentos de éxito antes de separarlos de sus puestos actuales te lo explico con la figura 8.1:

Figura 8.1: Como generar momentos de éxito

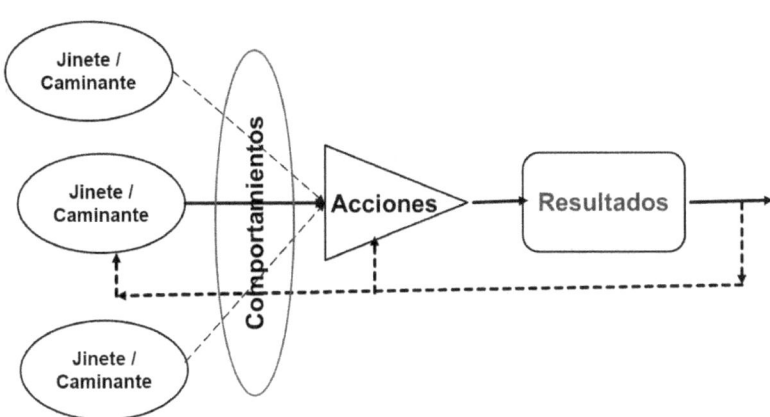

Cuando los resultados de las acciones de los jinetes o caminantes no son los esperados por la empresa para generar momentos de éxito, el Camello los acompaña para que cambien de posición en las que están observando actualmente, para que esto los lleve a tener comportamientos diferentes que les permita hacer acciones distintas y los resultados sean diferentes que les permiten tener momentos de éxito de manera continua.

Es importante dejar claro en este punto que los jinetes

deben tener el cuidado y la sensibilidad para entender que los caminantes y los jinetes menos experimentados no tienen la misma experiencia de quien les está cambiando el ángulo de observación y les resultado en muchas ocasiones más difícil observar las posibilidades que para ellos son muy claras.

Se debe tener paciencia y observar desde diferentes ángulos con distintos niveles de conciencia para descubrir posibilidades de éxito.

En mi experiencia como investigador de empresas, me he encontrado que hay una gran mayoría de ellas que realizan acciones diferentes para tener resultados diferentes y si los obtienen, pero estos tampoco son los esperados por ellas. Eso ya no ha sido suficiente, por lo que considero que ahora se tiene que voltear y ver más para atrás de las acciones, observar los comportamientos y el enfoque con el que está generando las acciones que no han sido las asertivas hasta el momento, mover a sus jinetes de su ángulo actual de observación de tal manera que tenga otra vista, que los invite a comportarse de manera distinta y generen acciones diferentes para que ahora si los resultados sean los esperados por las empresas.

''El principio de la locura es hacer lo mismo una y otra vez y esperar resultados diferentes''

(Albert Einstein)

Algunas empresas se enganchan con esta frase y elaboran sus planes de actividades cambiando aquellas acciones que no les dan el resultado esperado, esto lo hacen una y otra vez y en algún momento dado logran el resultado esperado después de varios intentos, mucho tiempo y muchos recursos invertidos.

Por lo que se recomienda poner atención a la manera de cómo se está observando el camino y los comportamientos que se están practicando para recorrerlo y no solo cambiar actividades o acciones por cambiar.

> *''Mira profundamente en la naturaleza, y entonces entenderás todo lo mejor´´*
> (Albert Einstein)

Con el modelo que sigue el Camello amarillo, te ahorras tiempo y recursos, ya que el camello va más atrás de las acciones, observa y analiza la óptica actual con las que están viendo sus acompañantes, les cambio el ángulo de observación para que estos tenga nuevas perspectivas que les permita que sus comportamientos sean los adecuados y estos les permitan realizar las acciones que los lleve a los resultados esperados por el camello.

El Camello amarillo hace visible su éxito con su modelo actual de estandarización y eficiencia en todos los procesos que lleva a cabo en su camino, apuesta por la réplica de su modelo y sí encuentra una mejor manera de hacer las cosas, la implementa en todos los caminos que recorren, lo cual le permite entender mejor a todos sus acompañantes.

¿El Camello está satisfecho con sus éxitos?

No lo considero así, ya que el Camello vivé en una constante insatisfacción con su enfoque de dueñez empresarial con el que entrena a sus acompañantes, ha creado dolientes, los cuales cuando algo no está bien lo corrigen y cuando ven un área de oportunidad la aprovechan por lo que **nunca están satisfechos**, su modelo también consiste ofrecer mucho servicio a sus clientes, todos los días se toman decisiones en ese sentido. ´´*Soñar con un mundo mejor todos los días, todos los años no es malo, pero trabajar por ello es mejor*´´.

¿El Camello corre riesgos en su andar?

Por supuesto, el Camello también enfrenta crisis que lo ponen en riesgo y estas pueden ser ambientales; como el caso de huracanes, terremotos, políticas; como cambios de legislaciones y corrupción, económicos; como es la inflación, la fluctuación del peso frente al dólar, entre otras.

El Camello cuenta con procesos definidos para manejar las crisis y está aprendiendo continuamente a manejar los riesgos, lo que le permite que ante una crisis se recuperen rápido y siga caminando, su éxito está basado en platicar con sus acompañantes las veces que sea necesario y con la frecuencia que se necesite para que se facilite la delegación y autonomía de sus acompañantes.

¿Cómo mide el éxito el Camello?

El Camello, como cualquiera otra empresa con una buena planeación estratégica, le da seguimiento a las siguientes acciones que le permiten medir su éxito empresarial, entre otras cosas:

Revisión de estados financieros: En forma mensual, semestral y anual es el punto de partida esencial. Analizar detenidamente el balance, el estado de resultados y el flujo de efectivo. Identificar tendencias, como el crecimiento o disminución de ingresos y gastos, le proporciona una visión general de la salud financiera de la empresa para la toma de decisiones informadas.

Análisis de ratios financieros: El cálculo y análisis de ratios financieros clave le ofrecen una perspectiva más profunda. Ratios como la liquidez, rentabilidad y solvencia le proporcionan información específica sobre la eficiencia operativa, la rentabilidad y la capacidad para cubrir deudas, respectivamente.

Evaluación de indicadores de rendimiento clave (KPIs): Los indicadores de rendimiento clave (KPIs), le permiten evaluar la productividad por áreas con métricas clave como; rotación de inventarios, la eficiencia de la gestión operativa, o la retención de clientes, el servicio al cliente, entre otros indicadores clave del negocio.

Análisis de tendencias de ventas y gastos: Examina las tendencias de ventas y gastos a lo largo de un periodo de tiempo seleccionado para que le ofrezca información valiosa sobre el rendimiento operativo. Le permite Identificar los meses con mayores ingresos o gastos, le ayuda a comprender los patrones estacionales y a ajustar estrategias en consecuencia.

Evaluación del flujo de efectivo: Con esto el camello evalúa la capacidad de la empresa para generar efectivo y su gestión eficiente es crucial. También le es esencial para anticipar las necesidades de efectivo futuras y prepararse para posibles desafíos.

Análisis de la deuda y solvencia: Esto le permite evaluar la estructura de la deuda y la solvencia, lo cual es fundamental para entender la carga de la deuda y la capacidad para cumplir con las obligaciones financieras, le proporciona claridad sobre la salud financiera a largo plazo.

Revisión del presupuesto anual: Le permite hacer análisis verticales y horizontales para comparar el desempeño real versus lo presupuestado de acuerdo con el periodo de tiempo seleccionado. A través de estas revisiones identifica desviaciones significativas que le ayuda a entender las áreas, donde se han superado o no se han alcanzado las expectativas, permitiendo ajustes en futuras planeaciones.

Consulta con profesionales financieros: El Camello para casos más complejos, los consulta con profesionales financieros que le puede proporcionar perspectivas valiosas; Contadores, asesores financieros o auditores externos que le pueden ofrecer análisis objetivos y recomendaciones.

Evaluación de riesgos y oportunidades futuras: Finalmente, utiliza la evaluación de riesgos y oportunidades futuras, la cual es crucial ya que anticipa factores externos que podrían afectar la situación financiera, como cambios en la regulación o tendencias del mercado, facilitando que su planificación sea proactiva.

Con las acciones anteriores, las cuales le proporcionan información valiosa para la toma de decisiones informadas, el Camello toma el control de su presente y futuro adaptando el camino para el ÉXITO.

CAPÍTULO IX

DIGITALIZACIÓN

´´Las tecnologías digitales, cuando se utilizan de la manera correcta, pueden beneficiar el rendimiento de las organizaciones, mejorar la vida de las personas y proteger el planeta´´

(SSIR)

Las tecnologías digitales en la actualidad son muy adecuadas para visualizar, mejorar y escalar procesos por la extensión en que se puede usar, lograr impactos sostenibles mayores y más rápidos. La adopción de las tecnologías digitales le ha permitido al Camello tomar decisiones e innovaciones basadas en datos que lo conducen al buen uso de sus recursos.

Este tipo de tecnologías le ha permitido al Camello la oportunidad de conectar mercancías y servicios con gente de todas las partes de mundo en un tiempo récord, conocer las necesidades y deseos de sus clientes, dar a conocer su filosofía corporativa y facilitar la comunicación entre sus caminantes y clientes.

Hay mucho por seguir explorando con estas tecnologías lo que representa un área de oportunidad para las empresas y Camellos en el siglo XXI.

Avanzar hacia una economía sostenible es quizás el mayor desafío social y organizacional de nuestro tiempo. Las tecnologías digitales son útiles para muchos aspectos de la sostenibilidad, como la reducción de las emisiones de gases de efecto invernadero, la protección de la biodiversidad, el aumento del reciclaje, la prevención de la deforestación y el apoyo a los objetivos de sostenibilidad en todas las cadenas de valor. Si bien no se puede subestimar el papel de las tecnologías digitales en el apoyo a esta transformación, los mecanismos a través de los cuales se produce este avance siguen siendo poco explorados.

El objetivo del Camello con la adopción de las tecnologías digitales es desarrollar y fortalecer la experiencia de sus clientes por varios caminos o canales, alineando su estrategia con la operación, para incrementar sus ingresos por venta de una manera omnicanal.

Para lograr lo anterior genera estrategias de capacitación, adopción y venta, fomentando la omnicanalidad, para que los clientes aprovechen los beneficios de una experiencia digital y sean ellos quienes decidan cómo prefieren satisfacer sus necesidades, el Camello procura ofrecer mucha atención de calidad por cualquier canal (Físico o digital).

¿Cuáles son los canales digitales que utiliza el Camello?
Actualmente, algunos de los canales utilizados son los siguientes:

Portal web: Considerado como un camino igual al físico, pero ahora de manera digital donde puede realizar cualquier tipo de operación. Su uso común es alternativo del cliente.

App: Es un canal adicional donde también se ofrecen los productos y servicios que ofrece el Camello de manera más ágil por medio del uso de un teléfono inteligente (Smartphone) donde se generan actualizaciones para que los usuarios puedan tener una experiencia satisfactoria mientras navegan y hacen transacciones en ella.

WhatsApp: Es un canal de comunicación e interacción con clientes para resolver necesidades, transaccionar y promover servicios. El enfoque principal es permitir transaccionar y monetizar productos y servicios, generar y digitalizar clientes nuevos y mejorar la experiencia general de los clientes. WhatsApp funciona mediante una conversación o Chat-Bot que va guiando al usuario de una manera intuitiva mediante preguntas y respuestas opcionales. De esta manera se identifica el tipo de situación y se redirecciona al área correspondiente, según sea el caso que se presente.

Messenger: Los clientes pueden interactuar por medio de mensajes. Messenger es una herramienta de Facebook para estar en comunicación directa con los clientes. A través de este medio se atienden dudas e incidentes, mediante un Chat- Bot, se les da atención a los usuarios mediante preguntas diseñadas para poder identificar la necesidad, redireccionando su petición hacia el área encargada y darles solución a sus inquietudes. En este canal de comunicación, los clientes pueden consultar estatus de pedidos, ubicación geográfica del Camello más cercano.

El Marketplace: No se considera un canal de venta adicional sino un modelo de negocio. Este esquema permite a vendedores externos al Camello, ofrecer sus productos por medio de sus sitios digitales. Todas las compras que involucren productos de Marketplace son igual de seguras y confiables que las que el Camello oferta, pasando por un filtro de calidad previo a la publicación de productos en el sitio.

Julia Binder y Michael Wade escribieron el invierno del 2023 para la Revista de Innovación Social de la Universidad de Stanford (SSIR), lo siguiente:

"Cuando los equivalentes digitales sustituyen a los activos físicos, a menudo se produce un doble beneficio: reducción de costos y disminución del impacto en el medio ambiente' '

Una de las razones por las que los líderes / Jinetes del Camello amarillo y de otros Camellos no han prestado atención a la intersección de la tecnología digital y la sostenibilidad es que parecen no ser complementarias. Las empresas han utilizado la digitalización en gran medida para obtener beneficios económicos, como la reducción de costos, el aumento de los ingresos o la mejora de la eficiencia operativa, y han prestado relativamente poca atención a los impactos medioambientales. La sostenibilidad, por el contrario, se ocupa de los beneficios para el medio ambiente, por ejemplo, mediante la eliminación gradual de los residuos o la reducción de las emisiones de gases de efecto invernadero, las empresas a menudo subestiman las tecnologías digitales como posibles facilitadores.

En este tema el Camello amarillo ya vimos que utiliza gran parte de la tecnología digital para satisfacer las necesidades y deseo de sus clientes, pero también la utiliza para ser eficiente en sus procesos operativos, lo que lo lleva a consumidor una gran cantidad de datos usando las herramientas como el BigData, El Internet de las Cosas, La Cadena de Bloques, La Inteligencia Artificial, etc.

El Camello y sus jinetes han estado concentrados principalmente en cómo las herramientas y tecnologías digitales pueden mejorar la rentabilidad, el servicio y atención a los clientes, por lo que ahora tienen la oportunidad de explorar completamente el potencial de estos recursos para avanzar en la sostenibilidad.

Puede determinarse que ambos objetivos (Rentabilidad

y sostenibilidad), pueden lograrse a través de tres grandes mecanismos: **Ver mejor, actuar mejor y escalar mejor.** Examinémoslos uno por uno.

Ver mejor:

Una forma en que las herramientas y tecnologías digitales pueden ayudar es demostrando claridad, visibilidad y transparencia sobre los impactos de la sostenibilidad. Lograr transparencia en toda la cadena de valor es fundamental, porque la transparencia no solo está ahí para la sostenibilidad; También te permite mejorar tu rendimiento.

Para tener una idea de este concepto, consideremos algo más cotidiano: el uso de energía en tu propio hogar. Supongamos que deseas reducir su impacto ambiental. **¿Por dónde empezar?** Es probable que tus electrodomésticos tengan una calificación energética, pero incluso si sabes cuál es, proporciona muy poca información sobre el uso. Para la mayoría de nosotros, nuestra huella de carbono es una caja negra. Nos gustaría reducirla, pero simplemente no tenemos los datos para saber qué hacer. Afortunadamente, los medidores inteligentes más nuevos brindan información en tiempo real sobre el consumo de energía del hogar que se puede visualizar en aplicaciones móviles, lo que nos permite tomar mejores decisiones sobre nuestro uso de energía y tener como resultado facturas más bajas y menores impactos ambientales.

Pero la visibilidad de las cadenas de suministro globales es solo el primer paso. El siguiente es utilizar herramientas de análisis digital, a menudo aumentadas con IA, para analizar grandes cantidades de información que respalden mejores decisiones y predicciones.

Actuar mejor:

Una vez que una empresa analiza los datos sobre los beneficios de la sostenibilidad, puede tomar decisiones más informadas para mejorarla. En concreto, las herramientas y tecnologías digitales pueden mejorar tres grandes categorías de actuación. En primer lugar, pueden reducir la necesidad de recursos físicos; en segundo lugar, pueden reducir el impacto negativo de los recursos físicos y, en tercer lugar, pueden ofrecer mejores servicios ambientales.

Pueden contribuir a una mayor eficiencia, eliminar los residuos, reducir la necesidad de viajar y fomentar el reciclaje y la reutilización.

La prolongación de la vida útil de los recursos físicos normalmente contribuye a los beneficios financieros y de sostenibilidad, a través de un menor costo de propiedad y una menor necesidad de producir reemplazos.

Lo anterior incluye los productos de tecnología digital, que con demasiada frecuencia tienen una vida útil limitada. Si la vida útil media de un smartphone, una computadora de escritorio o una computadora portátil pueden prolongarse un año, se reducirán los costos de sustitución y se reducirán los impactos medioambientales, así como la reutilización beneficiosa de los componentes tecnológicos mediante el reciclaje.

Escalando mejor

Una vez que descubrimos formas de actuar mejor a través de enfoques innovadores de sostenibilidad digital, nos enfrentamos al desafío de escalar estas soluciones. El poder de las tecnologías digitales radica en su capacidad de difusión rápida y amplia.

Sin embargo, la responsabilidad de escalar la sostenibilidad digital no debe limitarse a los límites de la organización. En el mundo interconectado de hoy, el camino para lograr soluciones escalables y sostenibles a menudo nos lleva al ámbito de la colaboración entre múltiples partes interesadas e intersectoriales.

Aquí, los principios de la competencia cooperativa pasan a primer plano, a medida que las organizaciones, las industrias e incluso los competidores unen fuerzas para abordar los desafíos apremiantes de la sostenibilidad. Los datos abiertos y las herramientas de código abierto pueden catalizar estos esfuerzos de colaboración, liberando el potencial para la acción colectiva y el cambio transformador a escala global.

Julia Binder y Michael Wade comentan que, si bien la sostenibilidad digital ofrece muchos beneficios, pocas organizaciones la persiguen activamente. La razón de esta reticencia es principalmente práctica: las organizaciones tienen grupos separados para gestionar la tecnología digital y la sostenibilidad, y estos silos se interponen en el camino de la generación de valor combinado. Por lo tanto, las organizaciones deben salvar estos silos, y eso nunca es una tarea sencilla.

Las líneas jerárquicas de los equipos digitales y de sostenibilidad a menudo no se cruzan excepto en la parte superior de un organigrama. Para simplificar las cosas, se ha identificado tres modelos diferentes para gestionar la sostenibilidad digital, cada uno con ventajas y desventajas.

Externalización: Los equipos digitales y de sostenibilidad siguen siendo entidades separadas, pero se coordinan para trabajar con partes externas en la gestión de la cartera de proyectos de sostenibilidad digital. Los equipos se centran en sus respectivas fortalezas y limitan la coordinación entre ellos a través de las funciones a intercambios poco frecuentes.

Este enfoque tiene la ventaja de evitar las guerras territoriales que a menudo surgen cuando los equipos trabajan en silos. También puede beneficiarse de la experiencia de proveedores externos. Sin embargo, añade complejidad a los proyectos: muchas partes necesitan trabajar juntas, porque la experiencia a menudo reside principalmente en los proveedores externos, y los mecanismos para la transferencia de conocimientos pueden ser limitados, o la empresa puede carecer de una cultura de aprendizaje sólida.

En consecuencia, el enfoque puede obstaculizar la capacidad de la empresa para escalar estas iniciativas más allá de los proyectos individuales.

Los conocimientos y la experiencia adquiridos de estas asociaciones externas a menudo permanecen divididas y dificultan la propagación de una estrategia de sostenibilidad digital, cohesiva y sostenible en toda la organización.

Dos sombreros: En un modelo de dos sombreros, una organización se centra tanto en la digitalización como en la sostenibilidad y reúne ambas. Si bien las dos funciones no se fusionan formalmente, trabajan de la mano y rotan el liderazgo entre diferentes funcionarios (jinete de sostenibilidad, jinete digital o jinete de innovación) para diferentes proyectos. Los equipos de proyectos combinan personas de varios departamentos durante la duración del proyecto, después de lo cual regresan a sus funciones respectivas.

Arraigado: Este modelo busca permear la sostenibilidad digital dentro de la cultura organizacional al empoderar e incentivar a todos los acompañantes para que promuevan la digitalización y la sostenibilidad simultáneamente.

Estos modelos casi siempre están respaldados por compromisos muy fuertes del jinete general y otros líderes dentro de los acompañantes, que exigen que la sostenibilidad digital se incluya dentro de los procesos, proyectos, compensación y objetivos de bonificación. Estas organizaciones suelen aprovechar el poder de las tecnologías digitales no solo para mejorar el rendimiento financiero, sino también para avanzar en los objetivos medioambientales.

El modelo arraigado aspira a integrar la sostenibilidad digital dentro de la empresa mediante el fomento de una cultura de mejora continua y colaboración interfuncional. No solo facilita el intercambio de ideas y mejores prácticas, sino que también abre vías para identificar nuevas oportunidades que pueden mejorar tanto la sostenibilidad como el rendimiento empresarial.

Sin embargo, este enfoque conlleva sus propios desafíos. Es necesario proporcionar una formación más avanzada a los acompañantes, tanto en sostenibilidad como en ámbitos digitales, para garantizar que tengan los conocimientos y las habilidades necesarios para contribuir de forma eficaz.

Además, puede complicar el proceso de toma de decisiones para los acompañantes, que deben tener en cuenta múltiples criterios adicionales, incluida la sostenibilidad, en sus responsabilidades diarias.

No obstante, este enfoque holístico de la sostenibilidad a menudo conduce a una mayor innovación y participación de las partes interesadas, y a la creación de valor a largo plazo.

Como se ha demostrado, las estrategias de transformación digital y sostenibilidad de una empresa puede resultar de manera positiva para el medio ambiente, además de beneficiar o, en algunos casos, dificultar el desempeño organizacional. Si bien muchos aspectos de la sostenibilidad digital pueden conducir a una reducción de costos, como la automatización de procesos digitales y la desmaterialización, algunas iniciativas pueden generar gastos adicionales o menores ingresos.

Las tres estrategias no deben adoptarse de forma fragmentada. Las mejoras reales dependen de *la aplicación de los tres enfoques*. Las organizaciones que utilizan tecnologías digitales para mejorar su capacidad de ver mejor e implementar programas para reducir los impactos nocivos, pero no logran expandir estas iniciativas, terminan con una gama fragmentada de pilotos y pruebas de concepto, pocas de las cuales alcanzan la escala necesaria para lograr beneficios reales.

Al mismo tiempo, las organizaciones que se centran en la acción y la escala, pero que carecen de la visibilidad y la transparencia necesarias para comprender plenamente las causas fundamentales de los problemas de sostenibilidad, a menudo se centran en áreas que no abordan sus problemas más importantes y corren el riesgo de pasar por alto importantes áreas de posible mejora.

Por lo tanto, las organizaciones deben ampliar sus esfuerzos de sostenibilidad digital a las tres áreas de enfoque.

CAPÍTULO X

EL RETO

´´Las redes sociales benefician a sus usuarios cuando están acostumbrados a tener contactos sociales significativos, y perjudican a sus usuarios, con trampas como el aislamiento y la comparación social, cuando no los tienen´´

(Jenna Clark)

El gran reto para el Camello amarillo y no tengo ninguna duda que para muchos otros más para los próximos años, es la llegada al mercado laboral de la generación después de los Millennials y con esto me refiero a la generación iGen o generación Z o Zoomers, es una generación que viene a romper con el estereotipo del trabajo para toda la vida y en el que ellos buscan puestos que le aporten a un propósito vital, valor en el que ellos sean conscientes de que están involucrados.

Revisemos el siguiente contexto, de acuerdo con Jean Twenge, psicóloga social de la Universidad de San Diego en su libro iGen, publicado en 2017, llama a la generación que le sigue a los millennials, iGen (haciendo referencia al iPhone), el cual en lengua inglesa es una abreviatura de ´´generación de internet´´, porque es la primera generación que creció con el internet en sus bolsillos algunos la llaman Generación Z.

La psicóloga Twenge, basándose en sus perfiles psicológicos, sugiere, que el último año del nacimiento de los millennials fue en 1994 (1982-1994) y a partir de 1995 al 2012 nace la Generación iGen, con una alta adicción a las redes sociales y a la seguridad personal.

La experta en el estudio de las diferencias generacionales Twenge encuentra algunas diferencias significadas de la iGen con sus antecesoras, estas son algunas de ellas:

La primera es que la iGen está creciendo emocionalmente más lento ejemplo: Tardan más tiempo en sacar la licencia para conducir, tardan más años en empezar en emborracharse que las anteriores, etc.

La segunda diferencia es que la iGen tiene tasas de ansiedad y depresión más altas causadas principalmente por el uso excesivo de dispositivos electrónicos y el aislamiento social al que se someten.

La tercera tiene que ver con la idea exagerada que tienen de la seguridad ejemplo: En su niñez en muchos de los casos siempre fueron acompañados a su escuela por un adulto y esto ya de adultos lo podemos ver reflejado en la cantidad de familiares o conocidos que los esperan a la salida de sus centros de trabajo.

La cuarta, es que este grupo valora la igualdad de oportunidades en el trabajo y que se apueste por criterios inclusivos y de diversidad, buscan señales de transparencia y confianza en quienes lideran los Camellos (Organizaciones), les gusta sentir que el Camello los escucha y su pensamiento crítico es tomado en cuenta y les gusta que sus superiores les reconozcan sus aportaciones, además reconocen la importancia del tiempo libre y la conciliación con su vida personal.

El Instituto Nacional de Estadística, Geografía e informática (INEGI) de México, nos proporciona los siguientes datos interesantes, la Población Económicamente Activa en el 2023 es igual a 61.4 millones de personas entre los 15 y 64 años; los que se encuentran entre los 15 y 29 años (iGen), representan el 38% (23.33 millones) de la población total, este dato ya de por si suena muy interesante ya que nos muestra que más de un tercio de la población trabajadora en México son de la generación iGen.

La clasificación de generaciones en la actualidad más difundida es la que ha realizado el centro de Investigación Pew Research Center de Estados Unidos, la cual se muestra en la tabla 10.1:

Tabla: 10.1: Clasificación generacional

Año de nacimiento	Nombre de la generación	Edad en 2023
1928 - 1945	Generación Silenciosa	78 – 95 años
1946 - 1964	Baby Boomers	59 – 77 años
1965 - 1980	Generación X	43 – 58 años
1981 - 1994	Millennials (o Generación Y o Nativos digitales)	27 – 42 años
1995 - 2012	iGen o Generación Z o Zoomers	11 – 26 años
2013 - actualidad	Generación Alpha	0 – 10 años

Los años en los que empieza y termina una generación

pueden variar ligeramente entre estudios. Una generación se puede considerar como toda la gente que nace y vive más o menos al mismo tiempo.

También puede considerarse como el periodo promedio en que vive y puede ir de los 15 a los 20 años, tiempo durante el cual los niños nacen, crecen y se convierten en adultos

Cabe destacar que no existe un consenso general sobre este tema de las generaciones y en ocasiones cada país o región maneja sus promedios propios.

Características principales de las generaciones:

Generación silenciosa: nacieron en un periodo de guerra y de pobreza a nivel mundial, que les llevó a hacer de la austeridad y del esfuerzo su modo de vida.

Baby boomers: vivieron un periodo de estabilidad económica y laboral que favoreció a la natalidad (el 'baby boom') y donde lo importante era trabajar y formar una familia.

Generación X: esta generación se benefició de un periodo económico de bonanza, marcado por el consumismo y la llegada de las computadoras y la tecnología.

Millennials: los primeros nativos digitales han tenido trabajos más inestables y una falta de acceso a la vivienda, pero han disfrutado más del ocio, los restaurantes o los viajes.

Generación iGen: los actuales jóvenes son los auténticos nativos digitales, marcados por las redes sociales y los dispositivos conectados a la red.

Generación Alpha: los niños de hoy en día han nacido en un mundo muy tecnológico, en el que, sin embargo, han tenido que vivir una pandemia.

¿Por qué representan un desafío la Generación iGen?

Para el Camello amarillo y para cualquier otro Camello, el

gran desafío para los próximos años venideros va a ser hacer caminar juntos a varias generaciones al mismo tiempo a menos en la segunda década del siglo XXI y **gestionar los equipos de trabajo multigeneracionales,** hoy en día muchas personas de la generación de los iGen que se encuentran entre los 15 y 29 años de acuerdo al (INEGI), ya están integrados en los caminos de los Camellos ya sea como caminantes y/o jinetes y algunos ya cuentan con títulos universitarios e incluso con maestrías, veamos el siguiente ejemplo:

Un equipo de trabajo conformado por Baby Boomers (enfocados al trabajo y ser proveedor de una familia), Generación X (Marcados por el consumismo y la llegada de las computadoras), Generación Y o Millennials (Acostumbrados a mudarse de los trabajos y a disfrutar el ocio) y los de la generación Z o iGen (Marcados por las redes sociales y los dispositivos conectados a la red).

Todos con características totalmente distintas, además de haber nacidos en dos siglos distintos (XX y XXI) y educados de manera diferente algunos de los Millennials y los iGen ya incluso no tuvieron que ir todo el tiempo a tomar clases a los salones de cuatro paredes, no olvidemos lo que paso con el aislamiento en la pandemia del SAR-COV2 (Covid-19) del 2019 al 2022, donde incluso se fomentó el trabajo en casa (Home Office), algo no bien visto en años anteriores a la pandemia.

Ahora bien, en estos equipos multigeneracionales vemos que los Boomers prácticamente ya van de salida y muchos de ellos todavía ocupan puestos de jinetes en los Camellos, algunos de ellos se les considera incluso como los jinetes sagrados y su gestión se complica cuando no se adaptan de manera rápida a los cambios que los nuevos caminos exigen y aún más cuando su jefe / líder inmediato pertenece a otra generación posterior a la de él (Este es parte del reto de los próximos años cercanos).

Mientras los Boomers son entregados en trabajo que les corresponde sea del tipo que sea, los Millennials y los iGen están más enfocados en las redes sociales y el aprendizaje a través de dispositivos electrónicos y digitales, permite comentarte el siguiente ejemplo:

Del 2015 al 2019 en el Camello amarrillo, existían indicaciones sobre el uso de celulares y redes sociales en el trabajo, se llamaba la atención a quien lo estuviera utilizando en las horas laborales, sin embrago con la declaración de la pandemia por parte del gobierno federal en el año 2019, la mayoría de las indicaciones y estrategias de negocio para que el Camello siguiera caminando ante esta contingencia eran a través de utilizar los teléfonos celulares y las redes sociales y me atrevo a decir que con la misma eficiencia como si fuera cara a cara, ¡que ironía no!.

El Camello amarrillo siempre se ha mantenido en un aprendizaje continuo, innovando, desarrollando e implementando estrategias y acciones que lo lleven al mejoramiento continuo en sus operaciones, ventas, la atención y servicio a los clientes como ya lo hemos visto en capítulos anteriores por lo que en este caso aprovecho la contingencia provocada por la pandemia para reforzar la capacitación y entrenamiento a todos sus caminantes a través de los medios digitales.

¿Los de la generación iGen serán los próximos jinetes?

Chécate el siguiente dato publicado por Lindsay Dongson experta en recursos humanos y desarrollo organizacional, en el portal web de Business Insider México al cual título ´´Los Millennials y la generación ´´Z no quieren ser jefes´´ y entre los argumentos que explica podemos encontrar los siguientes: La falta de confianza en el liderazgo sénior, la recompensa limitada y un mayor enfoque en el equilibrio entre el trabajo y la vida, así como el tiempo libre y consideran que el salario de esos puesto no justifica el trabajo que realiza.

Además, están conscientes que los puestos actuales de los jinetes de alto nivel los tienen personas de la generación Baby Boomers y los de la generación ´´X´´ que a menudo no quieren retirarse por la cantidad de dinero que están recibiendo, también están viendo lo agotados que están estos jinetes y ya no pueden seguir creciendo en el Camello por lo que muchos de ellos manifiestan no estar dispuestos a pasar por lo que están pasando estas generaciones.

Sin embrago no hay duda de que esto ya está sucediendo en los caminos del Camello amarrillo y que también ya se tienen jinetes de la generación iGen lidereándolos, gracias a su propósito, visión, valores, estrategias y objetivos organizacionales, temas que vimos durante los primeros nueve capítulos del presente libro y que el Camello ha hecho conscientes a todos sus acompañantes.

A los Camellos cualesquiera que esté sea su color, les puedo decir con seguridad que les he mostrado una serie de posibilidades que generan conciencia interna en sus acompañantes y que esta les pueden permitir cumplir con sus objetivos estratégicos, apoyándose con las herramientas actuales de desarrollo organizacional que existen las cuales les facilita la identificación de los comportamientos de sus acompañantes sin importar cuál sea el lugar que ocupan en el camino del Camello (quien camina desde los cimientos y el primer piso, quien desde el segundo y quien empezó desde la azotea).

También es una realidad que los Camellos (empresas) y las organizaciones educativas (la academia) tienen que ser disruptivas en sus procesos organizacionales y educativos para poderse adaptar al nuevo mundo empresarial. Ya lo dijo Charles Darwin, en 1859, en su obra: El origen de las especies.

"Las especies que sobreviven no son las más fuertes ni las más inteligentes, sino aquellas que se adaptan mejor al cambio".

Los escritores Jonathan Haidt y Greg Lukianoff en su libro ´´La transformación de la menta moderna: Como las buenas intenciones y las malas ideas están condenando a una generación al fracaso´´ publicado en español en 2019, hacen referencia a una cita de Meng Tzu del siglo IV antes de la era cristiana, con la cual me identifico porque cobra relevancia en este reto del Camello, te la presento a continuación y con esta termino este hermoso recorrido por el camino interior del camello amarillo agradeciéndote tu inversión en tiempo que le dedicaste a su lectura.

´´Cuando el cielo está a punto de conferir una gran responsabilidad a cualquier hombre, ejercitará su mente con sufrimiento, someterá sus tendones y huesos a un duro trabajo, expondrá su cuerpo al hambre, lo llevará a la pobreza y le pondrá obstáculos en el camino a sus hazañas con el objetivo de estimular su mente, endurecer su naturaleza y mejorar en todo aquello donde carece de competencia´´

REFERENCIAS

Binder, J., y Wade, M. (2023). Cuando los equivalentes digitales sustituyen a los a los activos físicos, a menudo se produce un doble beneficio: reducción de costos y disminución del impacto en el medio ambiente. SSIR. Recuperado de: **https://ssir.org/pdf/ Feature_Digital_Sustainability_for_a_Better_Future.pdf**

Carchak, L. (2021). Coaching de Equipos en la práctica. España: LID

Chiavenato, I. (2009). Gestión del Talento Humano. México: McGraw-Hill / Educación.

González, M., y Guenaga, G. (s.f.). Mecanismos de Influencia en las Organizaciones y Tácticas de Liderazgo. Universidad del País Vasco. Recuperado de: **https://www.asepelt.org/ficheros/ File/Anales/2005%20-%20Badajoz/comunicaciones/ mecanismos%20de%20influencia....pdf**

Goleman, D. (2013). Liderazgo: El poder de la inteligencia emocional. Barcelona: Ediciones B, S, A.

Haidt, J., y Lukianoff G. (2019). La transformación de la Mente Moderna. Barcelona: Deusto.

IPN. (s.f.). Evaluación y seguimiento del proceso de entrenamiento. UPIICSA. Recuperado de: **https://www.sites.upiicsa.ipn.mx/polibros/ terminados/relacioneslaborales/unidad%202/2.3.htm**

Kontz, H. Weircrich, H., y Cannice, M. (2012). Administración: una perspectiva global empresarial. México: McGraw-Hill Interamericana.

Kofman, F. (2014). La Empresa Consciente: Cómo construir valor a través de valores. México: Aguilar.

Porter, M. (2015). Ventaja Competitiva: Creación y sostenimiento de un desempeño superior. [2° Edición]. México: Grupo Editorial Patria.

Ruiz, B. (2022). Análisis PESTEL: ¿Qué es y para que sirve? Recuperado de: **https://milagrosruizbarroeta.com/analisis-Pestel**

Sanchis, S. (2020). Habilidades blandas: que son, cuales son y ejemplos. Psicología – Online. Recuperado de: **https://www.psicologia-online.com/habilidades-blandas-que-son-cuales-son-y-ejemplos-5051.html**

Sousa, B. (2016). De Gerente a Entrenador. Colombia: Taller del Éxito Inc.

Thompson, A.at el. (2013). Administración estratégica: Teoría y Casos. México: McGraw-Hill Interamericana.

Twenge, J. (2017). iGen: Por qué los niños superconectados de hoy en día están creciendo menos rebeldes, más tolerantes, menos felices y completamente desprevenidos para la edad adulta. New York: Atria. Recuperado de: **https://onlinelibrary.wiley.com/doi/abs/10.1111/fcsr.1234**

ACERCA DEL AUTOR

Francisco Gerardo Zamora Cruz, es cofundador de la empresa Humana Potential Dynamics dedicada al asesoramiento, mentoring y coaching ejecutivo y organizacional con clientes en México y Latinoamérica, cuenta con un doctorado en administración estratégica empresarial, dos maestrías una en administración de empresas y la otra en coaching integral y organizacional su licenciatura es en Ingeniería Química.

Ha sido maestro universitario de materias como: Dirección, Liderazgo, Gestión del Talento Humano, Administración de Operación, Administración de la Cadena de suministro, Mercadotecnia, Administración de Ventas, Estudios de Mercado, Estrategia de precios entre otras por más de 20 años en diferentes Universidades de México.

Se ha desempeña como director de Ventas y Operaciones para embotelladores de Coca-Cola y Pepsi-cola en distintas regionales del México, así como para diferentes cadenas nacionales de tiendas departamentales, ha sido también consultor de diferentes empresas en temas como mercadeo, eficiencia operativa y estratégica para alcanzar los objetivos estratégicos de diferentes áreas organizacionales, durante su experiencia profesional en empresas públicas y privadas de más de cuarenta años, el doctor Zamora se ha destacado por potencializar el talento humano, ha formado y desarrollador a muchos ejecutivos durante su trayectoria laboral, su objetivo en la vida es ser la mejor versión de si mismo para acompañar a las personas y organizaciones a cumplir con sus metas, crear ambientes de trabajo que fomenten la innovación y la participación de las personas.

Al doctor Zamora lo podemos encontrar en los siguientes sitios:
LinkedIn como: Francisco Fconeto 14
Facebook como: Francisco Zamora
YouTube como: @franciscozamoracruz1722

En los siguientes correos electrónicos:
radixmat@gmail.com
Fconeto14@hotmail.com

En los siguientes números telefónicos:
4521324791
4525288116

www.ingramcontent.com/pod-product-compliance
Lightning Source LLC
Chambersburg PA
CBHW071049290526
45795CB00004B/1398